明史

清　張廷玉等撰

第一三册

卷一三〇至卷一四六（傳）

中華書局

明史卷一百三十

列傳第十八

吳良　康茂才　丁德興　耿炳文　郭英

華雲龍　韓政　仇成　張龍　吳復周武

胡海　張赫　華高　張銓　何眞

吳良，定遠人。初名國興，賜名良。雄偉剛直，與弟禎俱以勇略聞。從太祖起濠梁，並爲帳前先鋒。良能沒水偵探，禎每易服爲間諜。禎別有傳。良從取滁、和，戰采石，克太平，下溧水、溧陽，定集慶，功多。又從徐達克鎭江，下常州，進鎭撫，守丹陽。與趙繼祖等取江陰。張士誠兵據秦望山，良攻奪之，遂克江陰。卽命爲指揮使守之。

時士誠全據吳，跨淮東、浙西，兵食足。江陰當其要衝，枕大江，扼南北襟喉，士誠數以金帛啗將士，覘釁。太祖諭良曰：「江陰我東南屏蔽，汝約束士卒，毋外交，毋納逋逃，毋貪小利，毋與爭鋒，惟保境安民而已。」良奉命惟謹，備禦修飭。以敗敵功，進樞密院判官。士誠大舉兵來寇，艨艟蔽江，其將蘇同僉駐君山，指畫進兵。良遣弟禎出北門與戰，而潛遣元帥王子明帥壯士馳出南門，合擊，大敗之，俘斬甚衆。敵宵遁。尋復寇常州，良遣兵從間道殲其援兵於無錫。當是時，太祖數自將爭江、楚上流，與陳友諒角，大軍屢出，金陵空虛，士誠不敢北出侵尺寸地，以良在江陰爲屏蔽也。

良仁恕儉約，聲色貨利無所好。夜宿城樓，枕戈達旦，訓將練兵，常如寇至。暇則延儒生講論經史，新學宮，立社學，大開屯田，均徭省賦。在境十年，封疆宴然。太祖常召良勞曰：「吳院判保障一方，我無東顧憂，功甚大，車馬珠玉不足旌其勞。」命學士宋濂等爲詩文美之，仍遣還鎭。尋大發兵取淮東，克泰州。士誠兵復出馬駄沙，侵鎭江，巨艦數百，泝江而上。良戒嚴以待。太祖親督大軍禦之。士誠兵遁，追至浮子門。良出兵夾擊，獲卒二千。太祖詣江陰勞軍，周巡壁壘，歎曰：「良，今之吳起也。」吳平，加昭勇大將軍、蘇州衞指揮使，移鎭蘇州。武備益修，軍民輯睦。進都督僉事，移守全州。洪武三年進都督同知，封江陰侯，食祿千五百石，予世券。

四年討靖州、綏寧諸蠻。五年，廣西蠻叛，副征南將軍鄧愈帥平章李伯昇出靖州討之。

數月盡平左右兩江及五溪之地，移兵入銅鼓、五開，收潭溪，開太平，殲清洞、崖山之衆於銅關鐵寨。諸蠻皆震慴內附，粤西遂平。八年督田鳳陽。十二年，齊王封青州。王妃，良女也，遂命良往建王府。十四年卒於青，年五十八。贈江國公，謚襄烈。

子高嗣侯，屢出山西、北平、河南練兵，從北征，帥蓄軍討百夷。二十八年，有罪調廣西，從征趙宗壽。燕師起，高守遼東，與楊文數出師攻永平。燕王謀去高，曰：「高雖怯，差密，文勇而無謀，去高，文無能爲也。」乃遺二人書，盛譽高，極詆文，故易其函授之。二人得書，並以聞。建文帝果疑高，削爵徙廣西，獨文守遼東，竟敗。永樂初，復召高鎮守大同，上言備邊方略。八年，帝北征班師，高稱疾不朝。被劾，廢爲庶人，奪券。洪熙元年，帝見高名，曰：「高往年多行無禮，其謫戍海南。」高已死，從其家，會赦得釋。宣德十年，子昇乞嗣，不許。

康茂才，字壽卿，蘄人。通經史大義。事母孝。元末寇亂陷蘄，結義兵保鄉里。立功，自長官累遷淮西宣慰司、都元帥。

太祖既渡江，將士家屬留和州。時茂才移戍釆石，扼江渡。太祖遣兵數攻之，茂才力守。常遇春設伏殲其精銳。茂才復立寨天寧洲，又破之，奔集慶。太祖克集慶，乃帥所部兵降。太祖釋之，命統所部從征。明年授秦淮翼水軍元帥，守龍灣。取江陰馬馱沙，敗張士誠兵，獲其樓船。從廖永安攻池州，取樅陽。太祖以軍興，民失農業，命茂才爲都水營田使，仍兼帳前總制親兵左副指揮使。

陳友諒既陷太平，謀約張士誠合攻應天。太祖欲其速來，破之。知茂才與友諒有舊，命遣僕持書，紿爲內應。友諒大喜，問康公安在。曰：「守江東木橋。」使歸，太祖易橋以石。友諒至，見橋愕然，連呼「老康」，莫應，退至龍灣。伏兵四起，茂才合諸將奮擊，大破之。太祖嘉茂才功，賜賚甚厚。明年，太祖親征友諒，茂才以舟師從克安慶，破江州，友諒西遁。遂下蘄州、興國、漢陽，沿流克黃梅寨，取瑞昌，敗友諒八指揮，降士卒二萬人。遷帳前親兵副都指揮使。攻左君弼廬州，未下。從援南昌，戰彭蠡，友諒敗死，從征武昌，皆有功。進金吾侍衞親軍都護。從大將軍徐達再攻廬州，克之，取江陵及湖南諸路。改神武衞指揮使，進大都督府副使。

士誠攻江陰，太祖自將擊之。比至鎭江，士誠已焚瓜洲遁。茂才追北至浮子門。吳軍遮海口，乘潮來薄。茂才力戰，大敗之。搗淮安馬騾港，拔其水寨，淮安平。尋拔湖州，進逼平江。士誠遣銳卒迎鬬，大戰尹山橋。茂才持大戟督戰，盡覆敵衆。與諸將合圍其城，軍齊門。平江下，還取無錫。遷同知大都督府事兼太子右率府使。

洪武元年從大將軍經略中原，取汴、洛，留守陝州。規運饋餉，造浮橋渡師，招徠絳、解諸州，扼潼關，秦兵不敢東向。茂才善撫綏，民立石頌德焉。三年復從大將軍征定西，〔一〕取興元。還軍，道卒。追封蘄國公，謚武康。

子鐸，年十歲，入侍皇太子讀書大本堂。以父功封蘄春侯，食祿一千五百石，予世券。督民墾田鳳陽。帥兵征辰州蠻，平施、疊諸州。從大將軍達北征。又從征南將軍傅友德征雲南，克普定，破華楚山諸砦。卒於軍，年二十三。追封蘄國公，謚忠愍。子淵幼未襲，授散騎舍人。已，坐事革冠服，勒居山西，遂不得嗣。弘治末，錄茂才後為世襲千戶。

丁德興，定遠人。歸太祖於濠。偉其狀貌，以「黑丁」呼之。從取洪山寨，以百騎破賊數千，盡降其衆。從克滁、和，敗青山盜。從渡江，拔采石，取太平，分兵取溧水、溧陽，皆先登。從破蠻子海牙水砦，搗方山營，擒陳兆先，下集慶，取鎮江，以功進管軍總管。下金壇、廣德、寧國，從平常州，擢左翼元帥。寧國復叛，從胡大海復之。分兵下江陰，取徽州、石埭、池州、樅陽，攻江州，移兵擊安慶，所向皆捷。復援江陰，略江西傍近州縣，攻雙刀趙，挫其鋒。時徐達、邵榮攻宜興，久不下，太祖遣使謂曰：「宜興城西通太湖口，士誠餉道所由，斷其餉則必破。」達乃遣德興絕太湖口，而幷力急攻，城遂拔，論功授鳳翔衞指揮使。

陳友諒犯龍江，德興軍於石灰山，力戰擊敗之。遂從征友諒，搗安慶，克九江，援安豐，敗呂珍，走左君弼。從戰鄱陽，平武昌，克廬州，略定湖南衡州諸郡。又從大將軍收淮東，征浙西，敗士誠兵於舊館，下湖州，圍平江。卒於軍，贈都指揮使。洪武元年追封濟國公，列祀功臣廟。子忠，龍江衞指揮使，予世襲。

耿炳文，濠人。父君用，從太祖渡江，積功爲管軍總管。援宜興，與張士誠兵爭柵，力戰死。炳文襲職，領其軍。取廣德，進攻長興，敗士誠將趙打虎，獲戰船三百餘艘，擒其守將李福安等，遂克長興。長興據太湖口，陸通廣德，與宣、歙接壤，爲江、浙門戶。太祖既得其地，大喜，改爲長安州，立永興翼元帥府，以炳文爲總兵都元帥守之。溫祥卿者，多智數，避亂來歸，炳文引入幕府，畫守禦計甚悉。張士誠左丞潘元明、元帥嚴再興帥師來爭。炳文奮擊，大敗去。久之，士誠復遣司徒李伯昇帥衆十萬，水陸進攻。城中兵七千，太祖患之，命陳德、華高、費聚往援。伯昇夜劫營，諸將皆潰。炳文嬰城固守，攻甚急，隨方禦之，不解甲者月餘。常遇春復帥援兵至，伯昇棄營遁，追斬五千餘人。其明年，改永興翼元帥府爲永興衞親軍指揮使司，以炳文爲使。已而士誠大發兵，遣其弟士信復來爭。炳文又敗之，獲其元帥宋興祖。士信憤甚，益兵圍城。炳文與費聚出戰，又大敗之。長興爲士誠必爭地，炳文拒守凡十年，以寡禦衆，大小數十戰，戰無不勝，士誠迄不得逞。大軍伐士誠，炳文將所部克湖州，圍平江。吳平，進大都督府僉事。

從征中原，克山東沂、嶧諸州，下汴梁，徇河南，扈駕北巡。已，又從常遇春取大同，克晉、冀。從大將軍徐達征陝西，走李思齊、張思道，即鎭其地。浚涇陽洪渠十萬餘丈，民賴其利。尋拜秦王左相都督僉事。

洪武三年，封長興侯，食祿千五百石，予世券。十四年從大將軍出塞，破元平章乃兒不花於北黃河。十九年從潁國公傅友德征雲南，討平曲靖蠻。二十一年從永昌侯藍玉北征，至捕魚兒海。二十五年帥兵平陝西徽州妖人之亂。三十年，以征西將軍擒蜀寇高福興，俘三千人。

始炳文守長興，功最高，太祖榜列功臣，以炳文附大將軍達爲一等。及洪武末年，諸公、侯且盡，存者惟炳文及武定侯郭英二人；而炳文以元功宿將，爲朝廷所倚重。

建文元年，燕王兵起，帝命炳文爲大將軍，帥副將軍李堅、甯忠北伐，時年六十有五矣。兵號三十萬，至者惟十三萬。八月次眞定，分營滹沱河南北。都督徐凱軍河間，潘忠、楊松駐鄚州，先鋒九千人駐雄縣。值中秋，不設備，爲燕王所襲，九千人皆死。忠等來援，過月漾橋，伏發水中。忠、松俱被執，不屈死，鄚州陷。而炳文部將張保者降燕，備告南軍虛實。燕王縱保歸，使張雄、鄚敗狀，謂北軍且至。於是炳文移軍盡渡河，並力當敵。軍甫移，燕兵驟至，循城蹴擊。炳文軍不得成列，敗入城。爭門，門塞，蹈藉死者不可數計。燕兵遂圍城。炳文衆尙十萬，堅守不出。燕王知炳文老將，未易下，越三日，解圍還。而帝驟聞炳文敗，憂甚。太常卿黃子澄遂薦李景隆爲大將軍，乘傳代炳文。比至軍，燕師已先一日去。炳文歸，景隆代將，竟至於敗。燕王稱帝之明年，〔三〕刑部尙書鄭賜、都御史陳瑛劾炳文衣服器皿有龍鳳飾，玉帶用紅鞓，僭妄不道。炳文懼，自殺。

子瓚，前軍都督僉事，尙懿文太子長女江都公主。炳文北伐，瓚嘗勸直擣北平。炳文受代歸，不復用，瓚憤甚。永樂初，杜門稱疾，坐罪死。瓚弟瓛，後軍都督僉事，與江陰侯吳高、都指揮楊文，帥遼東兵圍永平，不克，退保山海關。高被間，徙廣西。文守遼東，瓛數請攻永平以動北平，文不聽。後與弟尙寶司卿瑄，皆坐罪死。

郭英，鞏昌侯興弟也。年十八，與興同事太祖。親信，令值宿帳中，呼爲郭四。從克滁、和、采石、太平，征陳友諒，戰鄱陽湖，皆與有功。從征武昌，陳氏驍將陳同僉持槊突入，太祖呼英殺之，衣以戰袍。攻岳州，敗其援兵，還克廬州、襄陽，授驍騎衞千戶。克淮安、濠州、安豐，進指揮僉事。從徐達定中原，又從常遇春攻太原，走擴廓，下興州、大同。至沙淨州渡河，取西安、鳳翔、鞏昌、慶陽，追敗賀宗哲於亂山，遷本衞指揮副使。進克定西，討察罕腦兒，克登寧州，斬首二千級，進河南都指揮使。時英女弟爲寧妃，英將赴鎭，命妃餞英於第，賜白金二十罌，廐馬二十四。在鎭綏輯流亡，申明約束，境內大治。九年移鎭北平。十三年召還，進前軍都督府僉事。

十四年從潁川侯傅友德征雲南，與陳桓、胡海分道進攻赤水河路。久雨，河水暴漲。英斬木爲筏，乘夜濟。比曉，抵賊營。賊大驚潰。擒烏撒幷阿容等。攻克曲靖、陸涼、越州、關索嶺、椅子寨，降大理、金齒、廣南，平諸山寨。十六年復從友德平蒙化、鄧川，濟金沙，取北勝、麗江。前後斬首一萬三千餘級，生擒二千餘人，收精甲數萬，船千餘艘。

十七年論平雲南功，封武定侯，食祿二千五百石，予世券。十八年加靖海將軍，鎭守遼東。二十年從大將軍馮勝出金山，納哈出降，進征虜右副將軍。從藍玉至捕魚兒海。師還，賞賚甚厚，遣還鄉。明年召入京，命典禁兵。三十年副征西將軍耿炳文備邊陝西，平沔縣賊高福興。及還，御史裴承祖劾英私養家奴百五十餘人，又擅殺男女五人。帝弗問。僉都御史張春等執奏不已，乃命諸戚里大臣議其罪。議上，竟宥之。

建文時，從耿炳文、李景隆伐燕，無功。靖難後，罷歸第。永樂元年卒，年六十七。贈營國公，謚威襄。

英孝友，通書史，行師有紀律，以忠謹見親於太祖。又以寧妃故，恩寵尤渥，諸功臣莫敢望焉。

子十二人。鎮，尚永嘉公主。銘，遼府典寶。鏞，中軍右都督。女九人，二爲遼郢王妃。女孫爲仁宗貴妃，銘出也，以故銘子玹得嗣侯。宣德中，玹署宗人府事，奪河間民田廬，又奪天津屯田千畝，罪其奴而宥玹。英宗初，永嘉公主乞以其子珍嗣侯。珍，英嫡孫也，授錦衣衛指揮僉事。玹卒，子聰與珍爭嗣，遂並停襲，亦授聰如珍官。天順元年，珍子昌以詔恩得襲，聰爭之不得。昌卒，子良當嗣，聰又言良非昌子，復停嗣，授指揮僉事。以屢乞嗣下獄，尋釋復官。既而郭宗人共乞擇英孫一人嗣英爵。廷臣皆言良本英嫡孫，宜嗣侯。詔可。正德初卒。子勛嗣。

勛桀黠有智數，頗涉書史。正德中，鎮兩廣，入掌三千營。世宗初，掌團營。大禮議起，勛知上意，首右張璁，世宗大愛幸之。勛怙寵，頗驕恣。大學士楊一清惡之，因其賕請事覺，罷營務，奪保傅官階。一清罷，仍總五軍營，董四郊興造。明年督團營。十八年兼領後府。從幸承天，請以五世祖英侑享太廟。廷臣持不可，侍郎唐胄爭尤力。帝不聽，英竟得侑享。其明年，獻皇稱宗，入太廟，進勛翊國公，加太師。

先是，妖人李福達自言能化藥物爲金銀。勛與相暱。福達敗，力持其獄，廷臣多得罪者。至是復進方士段朝用，云以其所化金銀爲飲食器，可不死。帝益以爲忠。給事中戚賢劾勛擅作威福，網利虐民諸事。李鳳來等復以爲言。下有司勘，勛京師店舍多至千餘區。副都御史胡守中又劾勛以族叔郭憲理刑東廠，肆虐無辜。帝置勿治。會帝用言官言，給勛敕，與兵部尚書王廷相、遂安伯陳譓同清軍役。敕具，勛不領。言官劾其作威植黨。勛疏辯，有「何必更勞賜敕」語。帝乃大怒，責其强悖無人臣禮。於是給事中高時盡發勛奸利事，且言交通張延齡。帝益怒，下勛錦衣獄。二十年九月也。

尋諭鎮撫司勿加刑訊。奏上，當勛死罪。帝令法司覆勘。而給事中劉大直復劾勛亂政十二罪，請併治。法司乃盡實諸疏中罪狀，當勛罪絞。帝令詳議。法司更當勛不軌罪斬，沒入妻孥田宅。奏上，留中不下。帝意欲寬勛，屢示意指。而廷臣惡勛甚，謬爲不喻者，更坐勛重辟。明年考察言官，特旨貶高時二級以風廷臣，廷臣終莫爲勛請。其冬，勛死獄中。帝憐之，責法司淹繫。褫刑部尚書吳山職，侍郎都御史以下鐫降有差，而免勛籍沒，僅奪誥券而已。

自明興以來，勳臣不與政事。惟勛以挾恩寵、擅朝權、恣爲姦慝致敗。勛死數年，其子守乾嗣侯，傳至曾孫培民，崇禎末，死於賊。

華雲龍，定遠人。聚衆居韭山，太祖起兵，來歸。從克滁、和，爲千夫長。從渡江，破釆石水寨及方山營，下集慶路，生擒元將，得兵萬人，克鎮江，遷總管。攻拔廣德，戰舊館，擒湯元帥，進右副元帥。龍江之役，雲龍伏石灰山，接戰，殺傷相當。雲龍躍馬大呼，擣其中堅，遂大敗友諒兵，乘勝復太平。從下九江、南昌，分兵攻下瑞州、臨江、吉安。從援安豐，戰彭蠡，平武昌。累功至豹韜衞指揮使。從徐達帥兵取高郵，進克淮安，遂命守之，改淮安衞指揮使。尋攻嘉興，降吳將宋興，圍平江，軍於胥門。從大軍北征，徇下山東郡縣，與徐達會師通州，進克元都。擢大都督府僉事，總六衞兵留守兼北平行省參知政事。踰年，攻下雲州，獲平章火兒忽答、右丞哈海，進都督同知，兼燕王左相。

洪武三年冬，論功封淮安侯，祿一千五百石，予世券。雲龍上言：「北平邊塞，東自永平、薊州，西至灰嶺下，隘口一百二十一，相去可二千二百里。其王平口至官坐嶺，隘口九，相去五百餘里。俱衝要，宜設兵。紫荆關及蘆花山嶺尤要害，宜設千戶守禦所。」又言：「前大兵克永平，留故元八翼軍士千六百人屯田，人月支糧五斗，所得不償費，宜入燕山諸衞，補伍操練。」俱從之。行邊至雲州，襲元平章僧家奴營於牙頭，突入其帳，擒之，盡俘其衆。至上都大石崖，攻克劉學士諸寨，驢兒國公奔漠北。自是無內犯者，威名大著。建燕邸，增築北平城，皆其經畫。

洪武七年，有言雲龍據元相脫脫第宅，僭用故元宮中物。召還，命何文輝往代。未至京，道卒。子中襲。李文忠之卒也，中侍疾進藥，坐貶死。二十三年追論中胡黨，爵除。

韓政，睢人。嘗爲義兵元帥，帥衆歸太祖，授江淮行省平章政事。李濟據濠州，名爲張士誠守，實觀望。太祖使右相國李善長以書招之，不報。太祖歎曰：「濠，吾家也，濟如此，我有國無家可乎！」乃命政帥指揮顧時以雲梯礮石四面攻濠。濟度不能支，始出降。政歸濟於應天。太祖大悅，以時守濠州。

政從徐達攻安豐，扼其四門，潛穴城東龍尾壩，入其城二十餘丈。城壞，遂破之。元將忻都、竹貞、左君弼皆走。追奔四十餘里，擒都。俄而貞引兵來援，〔三〕與戰城南門，再破走之。淮東、西悉平。已，從大軍平吳，又從北伐，降梁城守將盧斌，分兵扼黃河，斷山東援軍，遂取益都、濟寧、濟南，皆有功。克東平，功尤多，改山東行省平章政事。以師會大將軍於臨清，檄政守東昌。既下大都，命政分兵守廣平。政遂諭降白土諸寨。移守彰德，下蟻尖寨。蟻尖者，在林慮西北二十里，爲元右丞吳庸、王居義、小鎖兒所據。大將軍之北伐也，遣將士收復諸山寨，降者相繼，蟻尖獨恃險不下。至是兵逼之，庸誘殺居義及小鎖兒以降，得士卒萬餘人。尋調征陝西，還兵守禦河北。

洪武三年封東平侯，祿千五百石，予世券。移鎮山東。未幾，復移河北。招撫流民，復業甚衆。從左副將軍李文忠擣應昌，至臚朐河。文忠深入，令政守輜重。還，命巡河南、陝西。再從信國公湯和練兵於臨清。十一年二月卒，帝親臨其喪。追封鄆國公，子勳襲。二十六年坐藍黨誅，爵除。

仇成，含山人。初從軍充萬戶，屢遷至秦淮翼副元帥。太祖攻安慶，敵固守不戰。廖永忠、張志雄破其水寨，成以陸兵乘之，遂克安慶。初，元左丞余闕守安慶，陳友諒將趙普勝陷之。友諒既殺普勝，元帥余某者襲取之。張定邊復來犯，余帥走死。至是以成爲横海指揮同知，守其地。時左君弼據廬州，羅友賢以池州叛，無爲知州董曾陷死，四面皆賊境。成撫集軍民，守禦嚴密，漢兵不敢東下。從征鄱陽，殲敵涇江口，功最。征平江，敗張士誠兵於城西南。

洪武三年，僉大都督府事，鎮遼東。久之，以屯戍無功，降永平衞指揮使，〔四〕尋復官。十二年論藍玉等征西功，當封。帝念成舊勳，先封爲安慶侯，歲祿二千石。二十年充征南副將軍，討平容美諸峒。復從大軍征雲南，功多，予世劵，加祿五百石。

二十一年七月有疾。賜内醞，手詔存問。卒，贈皖國公，謚莊襄。子正襲爵。

張龍，濠人。從渡江，定常州、寧國、婺州，皆有功。從征江州，爲都先鋒。平武昌，授花槍所千戶。從平淮東，守禦海安，與張士誠將戰於海口，擒彭元帥，俘其卒數百。進攻通州，擊斬賊將，擢威武衞指揮僉事。從平山東、河南。大兵克潼關，以龍爲副留守。

洪武三年調守鳳翔，改鳳翔衞指揮。賀宗哲悉衆圍城，龍固守。宗哲攻北門，龍出兵搏戰，矢傷右脅，不爲動。遂大敗之，進克鳳州，擒李參政等二十餘人。大將軍達入沔州，遣龍別將一軍，由鳳翔入連雲棧，攻興元，降其守將劉思忠。蜀將吳友仁來犯，龍擊却之。友仁復悉兵薄城，大治攻具。龍從北門突出，繞友仁軍後，敵盡棄甲仗走，自是不復窺興元。召僉大都督府事。

十一年副李文忠征西番洮州。論功，封鳳翔侯，祿二千石，世指揮使。復從傅友德征雲南，鎭七星關，破大理、鶴慶，平諸洞蠻，加祿五百石，予世券。二十年從馮勝出金山，降納哈出。明年，勝調降軍征雲南，次常德，叛去。龍追至重慶，收捕之。二十三年春同延安侯唐勝宗督屯田於平越、鎭遠、貴州，議置龍里衞。都勻亂，佐藍玉討平之。以老疾請告，三十年卒。

子麟尙福清公主，授駙馬都尉。孫傑侍公主京師。永樂初，失侯。傑子嗣，宣德十年，援詔恩乞嗣。吏部言龍侯不嗣者四十年，不許。

吳復，字伯起，合肥人。少負勇略。元末，集衆保鄉里。歸太祖於濠，從克泗、滁、和、采石、太平，累官萬戶。從破蠻子海牙水寨，定集慶。從徐達攻鎮江，斬元平章定定，下丹陽、金壇，克常州，進統軍元帥。徇江陰、無錫，還守常州。張士誠兵奄至，力戰敗之，追奔至長興，連敗之於高橋、太湖及忠節門，士誠奪氣。從援安豐，平武昌。從徐達克廬州，下漢、沔、荆諸郡縣，授鎮武衞指揮同知，守沔陽。從常遇春下襄陽，別將破安陸，擒元同僉任亮，遂守之。克汝州、魯山。

洪武元年授懷遠將軍、安陸衞指揮使，悉平鄖、均、房、竹諸山寨之不附者。三年從大將軍征陝西，敗擴廓，擒其將。又敗擴廓於秦州。征吐番，克河州，〔五〕援漢中，拔南鄭。明年從傅友德平蜀。又明年從鄧愈平九溪、辰州諸蠻，克四十八洞，還守安陸。七年進大都督府僉事。巡北平還，授世襲指揮使。十一年從沐英再征西番，擒三副使，得納鄰哈七站之地。明年，師還，論功封安陸侯，食祿二千石。

十四年，從傅友德征雲南，克普定，城水西。充總兵官，剿捕諸蠻。遂由關索嶺開箐道，取廣西。十六年克墨定苗，至吉剌堡，築安莊、新城，平七百房諸寨，斬獲萬計，轉餉盤江。是年十月，金瘡發，卒於普定，追封黔國公，謚威毅，加祿五百石，予世券。

復臨陣奮發，衝犯矢石，體無完膚。平居恂恂，口不言征伐事。在普定買妾楊氏，年十七。復死，視殮畢，沐浴更衣自經死。封貞烈淑人。

子傑嗣，屢出山、陝、河南、北平，練兵從征。二十八年，有罪，從征龍州，建功自贖。建文中，帥師援眞定，戰白溝河，失律，謫南寧衞指揮使。永樂元年，子璟乞嗣，正統間，再三乞，〔六〕皆不許。弘治六年，璟孫鐸援詔乞嗣，亦不許。十八年錄復子孫世職千戶。

初，與復以征西番功侯者，又有周武。武，開州人，從定江東，滅漢，收淮東，平吳，積功爲指揮僉事。從定中原，進都督僉事。洪武十一年以參將從沐英討西番朵甘，功多。師還，封雄武侯，祿二千石，世指揮使，出理河南軍務，巡撫北邊。二十三年卒，贈汝國公，謚勇襄。

胡海，字海洋，定遠人。嘗入土豪赤塘王總管營，自拔來歸，授百戶。從敗元將賈魯兵，克泗、滁，進萬戶。從渡江，拔蠻子海牙水寨，破陳埜先兵，從取集慶、鎭江。敗元將謝國璽於寧國，選充先鋒。從大軍圍湖州，隳其東南門月城。從攻宜興，下婺州，鏖戰紹興，生得賊四百餘人，進都先鋒。又從戰龍江，克安慶，與漢人相持，八戰皆大捷，遂入江州。從徐達攻廬州，皆有功。

海驍勇，屢戰屢傷，手足胸腹間金痍皆遍，而鬬益力。士卒從之者無不激勵自効。太祖壯之，授花槍上千戶。

復從大軍克荆、澧、衡、潭，擢寶慶衛指揮僉事，遷指揮使，命鎭益陽。從平章楊璟征湖南、廣西未下郡縣。由祁陽進圍永州，與守兵戰於東鄉橋，生得千、萬戶四人，以夜半先登拔之。抵靖江，戰南門，生得萬戶二人。夜四鼓，自北門八角亭先登，功最，命爲左副總兵。剿平左江上思蠻。調征蜀，克龍伏隘、天門山及溫湯關，予世襲指揮使，仍鎭益陽。武岡、靖州、五開諸苗蠻先後作亂，悉捕誅首亂而撫其餘衆，遷都督僉事。

十四年從征雲南，由永寧趨烏撒，進克可渡河。與副將軍沐英會師攻大理，敵悉衆扼上、下關。定遠侯王弼自洱水東趨上關，英帥大軍趨下關，而遣海以夜四鼓取石門。間道渡河，繞點蒼山後，攀大樹緣崖而上，立旂幟。英士卒望見，皆踴躍大呼，敵衆驚擾。英遂斬關入，海亦麾山上軍馳下，前後夾攻，敵悉潰走。

十七年論功封東川侯，祿二千五百石，予世券。

踰三年，以左參將從征金山。又二年，以征南將軍討平澧州九溪諸蠻寇。師還，乞歸鄉里，厚賚金帛以行。二十四年七月，病疽卒，年六十三。

長子斌，龍虎衛指揮使，從征雲南。過曲靖，猝遇寇，中飛矢卒。贈都督同知。次玉，坐藍黨死。次觀，尚南康公主，爲駙馬都尉，未嗣卒。宣德中，公主乞以子忠嗣。詔授孝陵衞指揮僉事，予世襲。

張赫，臨淮人。江淮大亂，團義兵以捍鄉里。嘉山繆把頭招之，不往。聞太祖起，帥衆來附。授千戶，以功進萬戶。從渡江，所至攻伐皆預，以功擢常春翼元帥，守禦常州。尋從戰鄱陽，攻武昌。已，又從大將軍伐張士誠，進圍平江。諸將分門而軍，赫軍閶門。士誠屢出兵突戰，屢挫其鋒。又從大軍克慶元，幷下溫、台。

洪武元年，擢福州衞都指揮副使，進本衞同知，復命署都指揮使司事。是時，倭寇出沒海島中，乘間輒傅岸剽掠，沿海居民患苦之。帝數遣使齎詔書諭日本國王，又數絕日本貢使，然竟不得倭人要領。赫在海上久，所捕倭不可勝計。最後追寇至琉球大洋，與戰，擒其魁十八人，斬首數十級，獲倭船十餘艘，收弓刀器械無算。帝偉赫功，命掌都指揮印。尋調興化衞。召還，擢大都督府僉事。會遼東漕運艱，軍食後期，帝深以爲慮。以赫習海道，命督海運事。

久之，封航海侯，予世券。前後往來遼東十二年，凡督十運，勞勩備至，軍中賴以無乏。

病卒，追封恩國公，謚莊簡。

子棨，從征雲南有功，爲水軍右衞指揮使。孫鑑，福建都指揮使。永樂中，留鎭交阯。

華高，和州人。與俞通海等以巢湖水師來附。從克太平，授總管。從破采石、方山兵，下集慶、鎭江，遷秦淮翼元帥。與鄧愈徇廣德。守將嚴兵城下，高以數騎挑戰，元兵堅壁不動。高衝擊大破之，遂取其城，得兵萬人，糧數千斛。從平常州，進僉行樞密院事。副俞通海擊破趙普勝柵江營。再敗陳友諒，援長興，克武昌，授湖廣行省左丞。帥舟師從克淮東，收浙西，進行省平章政事。洪武三年封廣德侯，歲祿六百石。

高性怯，且無子，請得宿衞。有所征討，輒稱疾不行。令練水師，復以不習辭。帝以故舊優容之。時諸勳臣多出行邊，惟高不遣。最後繕廣東邊海城堡，高請行。帝曰：「卿復自力，甚善。」四年四月事竣，至瓊州卒。初，有言高殖利者，故歲祿獨薄。至是貧不能葬。帝憐之，命補支祿三百石。以無子，納誥劵墓中。贈巢國公，謚武莊。授從子岳指揮僉事。

張銓，定遠人。從取太平，定集慶、鎭江、常州、婺州。擣江州，戰鄱陽湖，取鄂渚。收淮東，平吳。累功爲指揮僉事。從取中原、燕、晉、秦、蜀，進都督僉事。使建齊王府，事竣，副江夏侯周德興征五溪蠻。已而水盡源、通塔平、散毛諸洞酋作亂，復副德興討平之。從征雲南，由永寧克烏撒。久之，復從傅友德平烏撒及曲靖、普定、龍海、孟定諸蠻。洪武二十三年封永定侯，食祿千五百石，世指揮使。

何眞，字邦佐，東莞人。少英偉，好書劍。元至正初，爲河源縣務副使，轉淡水場管勾，棄官歸。元末盜起，眞聚衆保鄉里。十四年，縣人王成、陳仲玉作亂，眞赴告元帥府。帥受賂，反捕眞。逃居坭岡，舉兵攻成，不克。久之，惠州人王仲剛與叛將黃常據惠。眞擊走常，殺仲剛。以功授惠陽路同知、廣東都元帥，守惠州。海寇邵宗愚陷廣州。〔七〕眞以兵破走之，復其城，擢廣東分省參政，尋擢右丞。贛州熊天瑞引舟師數萬欲圖眞，眞迎之胥江。天大雷雨，折天瑞舟檣，擊走之。廣人賴以完。先是眞再攻成，誅仲玉而成卒固守。二十六年復圍成，募擒成者，予鈔十千。成奴縛成以出。眞予之鈔，命具湯鑊，趣烹奴，號於衆曰：「奴叛主者視此。」緣海叛者皆降。時中原大亂，嶺表隔絕，有勸眞效尉佗故事者。不聽。屢遣使由海道貢方物於朝，累進資德大夫、行省左丞。

洪武元年，太祖命廖永忠爲征南將軍，帥舟師取廣東。永忠至福州，以書諭眞，遂航海趨潮州。師既至，眞遣都事劉克佐詣軍門上印章，籍所部郡縣戶口兵糧，奉表以降。永忠聞於朝，賜詔褒眞曰：「朕惟古之豪傑，保境安民，以待有德。若竇融、李勣之屬，擁兵據險，角立羣雄間，非眞主不屈，此漢、唐名臣，於今未見。爾眞連數郡之衆，乃不煩一兵，保境來歸，雖竇、李奚讓焉。」永忠抵東莞，眞帥官屬迎勞，遂奉詔入朝。擢江西行省參知政事，且諭之曰：「天下分爭，所謂豪傑有三。易亂爲治者，上也。保民達變、知所歸者，次也。負固偷安，身死不悔，斯其下矣。卿輸誠納土，不逆顏行，可謂識時務者。」眞頓首謝。在官頗著聲望，尤喜儒術，讀書綴文。

已，轉山東參政。四年命還廣東，收集舊卒。事竣，仍莅山東。九年致仕。大軍征雲南，命眞偕其子兵馬指揮貴往，規畫軍餉，置郵驛。還山西右布政使。再與貴勾軍廣東，擢貴鎭南衞指揮僉事。尋命眞爲浙江布政使，改湖廣。

二十年復致仕，封東莞伯，祿一千五百石，予世券，卒。

子榮嗣。與弟貴及尙寶司丞宏皆坐藍黨死。眞弟迪疑禍及己，遂作亂，擊殺南海官軍三百餘人，遁入海島。廣東都司發兵討擒之，伏誅。

贊曰：陳友諒之克太平也，其鋒甚銳，微茂才則金陵之安危未可知矣。吳良守江陰，耿炳文守長興，而吳人不得肆其志，締造之基，其力爲多。至若華雲龍、張赫、吳復、胡海之屬，或威著邊疆，或功存海運，搴旗陷陣，所向皆摧，揆之前代功臣，何多讓焉。而又皆能保守祿位，以恩禮令終，斯其尤足嘉美者歟！

校勘記

〔一〕三年復從大將軍征定西　三年，原作「是年」，指洪武元年。按徐達征定西在洪武三年，見本書卷二太祖紀、卷一二五徐達傳、卷一二六李文忠傳及太祖實錄卷五五洪武三年八月己未條，據改。

〔二〕燕王稱帝之明年　明年，應是永樂元年。本書卷六成祖紀、卷一〇五功臣世表均作永樂「二年」。

〔三〕元將忻都竹貞左君弼皆走至俄而貞引兵來援　竹貞，應作「竹昌」，參卷一二五校勘記〔一〕。按太祖實錄丙午四月辛未條稱：徐達破安豐，「竹昌、左君弼皆走汴梁。至日晡時，元平章竹貞引兵來援，政等復與戰於南門外，大敗之，竹貞遁去。」是守安豐者爲竹昌，救援者爲竹貞，本傳誤爲一人。

〔四〕降永平衞指揮使　永平，原作「永昌」。太祖實錄卷七六洪武五年十一月壬申條、卷一九二洪武二十一年七月辛巳條均作「永平」。按仇成降調在洪武五年，時雲南永昌尙爲元梁王所據，永平衞在直隸永平府，洪武三年正月丁巳置，見太祖實錄卷四八。作「永平」是，據改。

〔五〕征吐番克河州　河州，原作「和州」。本書卷二太祖紀、卷一二六鄧愈傳、卷三三〇西番諸衞傳，明史稿傳一四吳復傳，太祖實錄卷五二洪武三年五月辛亥條均作「河州」。按本書卷四二地理志，臨洮府有河州，元屬吐番宣慰司。征吐番自以河州爲是，據改。

〔六〕永樂元年子璟乞嗣正統間再三乞　正統，原作「正德」，據明史稿傳一四吳復傳改。按從永樂至正德相去一百年，吳璟不可能再三乞嗣，且下文有「弘治六年璟孫鐸援詔乞嗣」，孫乞嗣不應反在祖乞嗣之前。

〔七〕海寇邵宗愚陷廣州　邵宗愚，原作「趙宗愚」，據本書卷一二九廖永忠傳、明史稿傳一四何眞傳、太祖實錄卷二七洪武元年四月辛丑條、元史卷四六順帝紀改。

明史卷一百三十一

列傳第十九

顧時　吳禎　薛顯　郭興　陳德　王志　梅思祖
金朝興　唐勝宗　陸仲亨　費聚　陸聚　鄭遇春
黃彬　葉昇

顧時，字時舉，濠人。倜儻好奇略。從太祖渡江，積功由百夫長授元帥。取安慶、南昌、廬州、泰州，擢天策衞指揮同知。李濟據濠州，時從平章韓政討降之。攻張士誠昇山水寨，引小舫繞敵舟，舟中多俯視而笑。時乘其懈，帥壯士數人，大呼躍入舟。衆大亂，餘舟競進。五太子來援，薛顯又敗之，五太子等降。遂從大將軍平吳，旋師取山東。

洪武元年拜大都督府副使兼同知率府事。從大將軍定河南北，浚舾以通舟師，自臨清至通州。下元都，與諸將分邏古北諸隘口。從大軍取平陽，克崞州，獲逃將王信等四十六人。取蘭州，圍慶陽。張良臣耀兵城下，擊敗之，獲其勁將九人。良臣乃不敢復出。慶陽平。徐達還京，令時將騎兵略靜寧州，走賀宗哲。西邊悉平。三年進大都督同知，封濟寧侯，祿千五百石，予世券。

四年爲左副將軍，副傅友德帥河南、陝西步騎伐蜀。自興元進克階、文，敗蜀兵於漢州，〔一〕遂克成都。明年副李文忠北征，分道入沙漠。迷失道，糧且盡，遇寇，士疲不能戰。時帥麾下數百人，躍馬衝擊。敵衆引去，獲其輜重糧畜以歸，軍聲大振。六年從徐達鎭北平。踰年，召還。八年復出鎭。十二年卒，年四十六。葬鍾山。追封滕國公，謚襄靖，祔祭功臣廟。

時能以少擊衆，沉鷙不伐。帝甚重之。子敬，金吾衞鎭撫，十五年嗣侯，爲左副將軍，平龍泉山寇有功。二十三年追論胡惟庸黨，榜列諸臣，以時爲首，敬坐死，爵除。

吳禎，江國襄烈公良弟也。初名國寶，賜名禎。與良俱從克滁、和，渡江克采石，從定集慶，下鎭江、廣德、常州、宣城、江陰，皆有功。又從常遇春自銅陵取池州，以舟師毁其北門，入城。敵艦百餘至，復大敗之，遂克池州。積功由帳前都先鋒，累遷爲天興翼副元帥。以千人助良守江陰，數敗吳兵，破士誠水寨，擒其驍將朱定。授英武衞親軍指揮使。又大破吳兵於浮子門。從大將軍徐達帥馬步舟師取湖州，勒奇兵出舊館，大捷。湖州平，遂戍之。從圍平江，破葑、胥二門，進僉大都督府事，撫平江。尋副征南將軍湯和討方國珍，乘潮入曹娥江，毁壩通道，出不意直抵軍廐。國珍亡入海，追及之盤嶼，合戰，自申至戌，敗之，盡獲其戰艦士卒輜重，國珍降。復自海道進取福州，圍其西、南、水部三門，一鼓克之。

洪武元年進兵破延平，擒陳友定。閩海悉平。還次昌國。會海寇刦蘭秀山，剿平之。兼率府副使，尋爲吳王左相兼僉大都督府事。二年，大將軍平陝西還，禎與副將軍馮勝駐慶陽。三年討平沂州答山賊。命爲靖海將軍，練軍海上。其冬，封靖海侯，食祿千五百石，予世券。與秦、晉二王傅金朝興、汪興祖並專傅王，解都督府事。

仇成戍遼陽，命禎總舟師數萬，由登州餉之。海道險遠，經理有方，兵食無乏。完城練卒，盡收遼海未附之地，降平章高家奴等。坐事謫定遼衞指揮使，尋召還。七年，海上有警，復充總兵官，同都督僉事於顯總江陰四衞舟師出捕倭，至琉球大洋，獲其兵船，獻俘京師。自是常往來海道，總理軍務數年，海上無寇。

十一年奉詔出定遼，得疾，輿還京師。明年卒。追封海國公，謚襄毅，與良俱肖像功臣廟。子忠嗣侯。二十三年追論禎胡惟庸黨，爵除。

薛顯，蕭人。趙均用據徐州，以顯爲元帥，守泗州。均用死，以泗州來降。授親軍指揮，從征伐。南昌平，命顯從大都督朱文正守之。陳友諒寇南昌，顯守章江、新城二門。友諒攻甚急。顯隨方禦之，間出銳卒搏戰，斬其平章劉進昭，擒副樞趙祥。固守三月，乃解。武昌既平，鄧仲謙據新淦不下，顯討斬之，因徇下未附諸郡縣。以功擢江西行省參政。從徐達等收淮東，遂伐張士誠。與常遇春攻湖州，別將游軍取德清，攻昇山水寨。士誠遣其五太子盛兵來援，遇春與戰小卻。顯帥舟師奮擊，燒其船。衆大潰，五太子及朱暹、呂珍等以舊館降，得兵六萬人。遇春謂顯曰：「今日之戰，將軍功，遇春弗如也。」五太子等既降，吳人震恐，湖州遂下。進圍平江，與諸將分門而軍。吳平，進行省右丞。

命從大將軍徐達取中原。瀕行，太祖諭諸將，謂薛顯、傅友德勇略冠軍，可當一面。進克兗、沂、靑、濟，取東昌、棣州、樂安。還收河南，擣關、陝。渡河，取衞輝、彰德、廣平、臨清。帥馬步舟師取德州、長蘆，敗元兵於河西務，又敗之通州，遂克元都。分兵邏古北諸隘口，略大同，獲喬右丞等三十四人。進征山西，次保定，取七垜寨，追敗脫因帖木兒。與友德將鐵騎三千，略平定西，取太原，走擴廓，降豁鼻馬。邀擊賀宗哲於石州，拔白崖、桃花諸山寨。與大將軍達會平陽，以降將杜旺等十一人見，遂從入關中，抵臨洮。別將攻馬鞍山西番寨，大獲其畜產，襲走元豫王，敗擴廓於寧夏，復與達會師取平涼。張良臣僞以慶陽降，顯往納之。良臣蒲伏道迎，夜劫顯營，突圍免。良臣據城叛，達進圍之。擴廓遣韓扎兒攻原州，以撓明師。顯駐兵靈州遏之。良臣援絕，遂敗。追賀宗哲於六盤山，逐擴廓出塞外，陝西悉平。

洪武三年冬大封功臣。以顯擅殺胥吏、獸醫、火者、馬軍及千戶吳富，面數其罪。封永城侯，勿予券，謫居海南。分其祿爲三，一以贍所殺吳富及馬軍之家，一以給其母妻，〔二〕令功過無相掩。顯居海南踰年，帝念之，召還，予世券，食祿一千五百石。復從大將軍征漠北。數奉命巡視河南，屯田北平，練軍山西，從魏國公巡北邊，從宋國公出金山。二十年冬召還，次山海衞，卒。贈永國公，謚桓襄。無子，弟綱幼。二十三年追坐顯胡惟庸黨，以死不問，爵除。

郭興，一名子興，濠人。滁陽王郭子興據濠，稱元帥，興隸麾下。太祖在甥館，興歸心焉。軍行，嘗備宿衞，累功授管軍總管，進統軍元帥。圍常州，晝夜不解甲者七月。城下，受上賞。從攻寧國、江陰、宜興、婺州、安慶、衢州，皆下之。戰於鄱陽，陳友諒連巨艦以進，我師屢却，興獻計以火攻之。友諒死。從征武昌，斬獲多，進鷹揚衞指揮使。從徐達取廬州，援安豐，大敗張士誠兵。平襄陽、衡、澧，還克高郵、淮安，轉戰湖州，圍平江，軍於婁門。吳平，擢鎮國將軍、大都督府僉事。〔三〕

洪武元年從達取中原，克汴梁，守禦河南。馮勝取陝州，請益兵守潼關。達曰：「無如興者。」遂調守之。潼關，三秦門戶，時哈麻圖據奉元，李思齊、張思道等與爲掎角，日窺伺欲東向，興悉力捍禦。王左丞來攻，大敗之。從徐達帥輕騎直擣奉元。大軍繼進，遂克之。移鎮鞏昌，邊境帖然。

三年爲秦王武傅，兼陝西行都督府僉事。其冬，封功臣，興以不守紀律，止封鞏昌侯，食祿一千五百石，予世券。四年伐蜀，克漢州、成都。六年從徐達鎮北平，同陳德敗元兵於答剌海口。十一年練兵臨清。十六年巡北邊。召還，踰年卒。贈陝國公，謚宣武。二十三年追坐胡惟庸黨，爵除。

興女弟爲寧妃，弟英武定侯。季弟德成，性通敏，嗜酒。兩兄積功至列侯，而德成止驍騎舍人。太祖以寧妃故，欲貴顯之。德成辭。帝不悅。頓首謝曰：「臣性耽麴蘗，庸闇不能事事。位高祿重，必任職司，事不治，上殆殺我。人生貴適意，但多得錢，飲醇酒足矣，餘非所望。」帝稱善，賜酒百罌，金幣稱之，寵遇益厚。嘗侍宴後苑醉，匍匐脫冠謝。帝顧見德成髮種種，笑曰：「醉風漢，髮如此，非酒過耶？」德成仰首曰：「臣猶厭之，盡薙始快。」帝默然。既醒，大懼，佯狂自放，剃髮衣僧衣，唱佛不已。帝謂寧妃曰：「始以汝兄戲言，今實爲之，眞風漢也。」後黨事起，坐死者相屬，德成竟得免。

陳德，字至善，濠人。世農家，有勇力。從太祖於定遠，以萬夫長從戰皆有功，爲帳前都先鋒。同諸將取寧、徽、衢、婺諸城，擢元帥。李伯昇寇長興，德往援，擊走之。從援南昌，大戰鄱陽湖，擒水寨姚平章。太祖舟膠淺，德力戰，身被九矢，不退。從平武昌。大敗張士誠兵於舊館，擢天策衞親軍指揮使。吳平，進僉大都督府事。從大將軍北取中原，克元汴梁。立河南行都督府，以德署府事，討平羣盜。征山西，破澤州磨盤寨，獲參政喻仁，遂會大軍克平陽、太原、大同。渡河取奉元、鳳翔，至秦州。元守將呂國公遁，追擒之。徐達圍張良臣於慶陽，良臣恃其兄思道爲外援，間使往來，德悉擒獲，慶陽遂下。又大破擴廓於古城，降其卒八萬。

洪武三年封臨江侯，食祿一千五百石，予世券。明年從潁川侯傅友德伐蜀，分道入綿州，破龍德，〔四〕大敗吳友仁之衆，乘勝拔漢州。向大亨、戴壽等走成都，追敗之，遂與友德圍成都。蜀平，賜白金綵幣，復還汴。五年為左副將軍，與馮勝征漠北，破敵於別篤山，俘斬萬計。克甘肅，取亦集乃路，留兵扼關而還。明年復總兵出朔方，敗敵三岔山，擒其副樞失剌罕等七十餘人。其秋，再出戰於答剌海口，斬首六百級，獲其同僉忻都等五十四人。凡三戰三捷。七年練兵北平。十年還鳳陽。十一年卒。追封杞國公，謚定襄。

子鏞襲封。十六年為征南左副將軍，討平龍泉諸山寇，練兵汴梁。十九年與靖海侯吳禎城會州。二十年從馮勝征納哈出，將至金山，與大軍異道相失，敗沒。二十三年追坐德胡惟庸黨，詔書言其征西時有過被譴責，遂與惟庸通謀。爵除。

王志，臨淮人。以鄉兵從太祖於濠，下滁、和。從渡江，屢騰柵先登，身冒矢石。授右副元帥。從取常州、寧國、江陰，復宜興，攻高郵，搗九江，下黃梅，鏖戰鄱陽。從平武昌，還克廬州，敗張士誠兵，追奔四十里。以親軍衞指揮使改六安衞，守六安。從幸汴梁，渡河，取懷慶、澤、潞，留守平陽。大將軍徐達西伐，會師克興元。洪武三年進同知都督府事，封六安侯，歲祿九百石，予世券。移守漢中，帥兵出察罕腦兒塞，還鎭平陽。復從大將軍征沙漠。其後用兵西南，皆以偏將軍從，雖無首功，然持重，未嘗敗衄。其攻合肥敗樓兒張，擒吳副使，爲戰功第一。領山西都司衞所軍務，帝稱其處置得宜。十六年督兵往雲南品甸，繕城池，立屯堡，置驛傳，安輯其民。十九年卒。追封許國公，謚襄簡。

子威，二十一年嗣侯。明年，坐事謫安南衞指揮使。卒，無子。弟珹嗣，改淸平衞，世襲。志亦追坐胡惟庸黨，以死不問。

梅思祖，夏邑人。初爲元義兵元帥，叛從劉福通。擴廓醢其父。尋棄福通歸張士誠，爲中書左丞，守淮安。徐達兵至，迎降，幷獻四州。士誠殺其兄弟數人。太祖擢思祖大都督府副使。從大軍伐吳，克昇山水寨，下湖州，圍平江，皆有功。吳平，遷浙江行省右丞。從大將軍伐中原，克山東，取汴、洛，破陝州，下潼關。旋師徇河北，至衞輝。元平章龍二棄城走彰德，師從之。龍二復出走，遂降其城，守之。略定北平未下州郡。從大軍平晉、冀，復從平陝西，別將克邠州，獲元參政毛貴等三十人。從大將軍破擴廓於定西。還自秦州，破略陽，入沔州，取興元。

洪武三年論功封汝南侯，食祿九百石，予世券。四年伐蜀。五年征甘肅。還命巡視山、陝、遼東城池。十四年，四川水盡源、通塔平、散毛諸洞長官作亂，命思祖爲征南副將軍，與江夏侯周德興帥兵討平之。十五年復與傅友德平雲南，置貴州都司，以思祖署都指揮使。尋署雲南布政司事，與平章潘元明同守雲南。思祖善撫輯，遠人安之。是年卒，賜葬鍾山之陰。

子義，遼東都指揮使。二十三年追坐思祖胡惟庸黨，滅其家。思祖從子殷，爲駙馬都尉，別有傳。

金朝興，巢人。淮西亂，聚衆結寨自保。俞通海等既歸太祖，朝興亦帥衆來附。從渡江，征伐皆預，有功。克常州，爲都先鋒。復宜興，爲左翼副元帥。平武昌，進龍驤衞指揮同知。平吳，改鎮武衞指揮使。克大同，改大同衞指揮使。取東勝州，獲元平章劉麟等十八人。

洪武三年論功爲都督僉事兼秦王左相。未幾，解都督府事，專傅王。四年從大軍伐蜀。七年帥師至黑城，獲元太尉盧伯顏、平章帖兒不花幷省院等官二十五人。遂從李文忠分領東道兵，取和林，語具文忠傳。

朝興沉勇有智略，所至以偏師取勝，雖未爲大帥，而功出諸將上。十一年從沐英西征，收納鄰七站地。明年論功封宣德侯，祿二千石，世襲指揮使。十五年從傅友德征雲南，駐師臨安，元右丞兀卜台、元帥完者都、土酋楊政等俱降。朝興撫輯有方，軍民咸悅。進次會川卒，追封沂國公，謚武毅。十七年論平雲南功，改錫世侯券，增祿五百石。

長子鎮嗣封。二十三年追坐朝興胡惟庸黨，降鎮平壩衞指揮使。從征有功，進都指揮使，其後世襲衞指揮使。嘉靖元年，命立傅友德、梅思祖及朝興廟於雲南，額曰「報功」。

唐勝宗，濠人。太祖起兵，勝宗年十八，來歸。從渡江，積功爲中翼元帥。從徐達克常州，進圍寧國，扼險力戰，敗其援兵。城遂降。從征婺州，克之。從征池州，力戰敗陳友諒兵，擢龍驤衞指揮僉事。從征友諒，至安慶，敵固守。勝宗爲陸兵疑之，出不意，擣克其水寨。從下南昌，略定江西諸郡。援安豐，攻廬州，戰鄱陽，邀擊涇江口，皆有功，擢驃騎衞指揮同知。從定武昌，徇長沙、沅陵、澧陽。從徐達取江陵，還定淮東，穴城克安豐，追獲元將忻都，爲安豐衞指揮使守之。從大將軍伐中原，克汴梁、歸德、許州，輒留守。從大軍克延安，進都督府同知。

洪武三年冬封延安侯，食祿千五百石，予世券。坐擅馳驛騎，奪爵，降指揮。捕代縣反者。久之，復爵。十四年，浙東山寇葉丁香等作亂，命總兵討之，擒賊首并其黨三千餘人。分兵平安福賊，至臨安，降元右丞兀卜台等。十五年巡視陝西，督屯田，簡軍士。明年鎭遼東，奉敕勿通高麗。高麗使至，察其奸，表聞。賜敕褒美，比魏田豫却烏桓賂，稱名臣。在鎭七年，威信大著。召還，帥師討平貴州蠻，練兵黃平。二十三年坐胡惟庸黨誅，爵除。

陸仲亨，濠人。歸太祖，從征滁州，取大柳樹諸寨。克和陽，擊敗元兵，逐青山羣盜。從渡江，取太平，定集慶，從徐達下諸郡縣，授左翼統軍元帥。從征陳友諒，功多，進驃騎衞指揮使。從常遇春討贛州，降熊天瑞，爲贛州衞指揮使，節制嶺南北新附諸郡。調兵克梅州、會昌、湘鄉，悉平諸山寨。洪武元年帥衞軍與廖永忠等征廣東，略定諸郡縣，會永忠於廣州，降元將盧左丞。廣東平。改美東衞指揮使，擢江西行省平章。代鄧愈鎭襄陽，改同知都督府事。

三年冬封吉安侯，祿千五百石，予世券。與唐勝宗同坐事降指揮使。捕寇雁門，同復爵。十二年與周德興、黃彬等從湯和練兵臨淸。未幾，卽軍中逮三人至京，旣而釋之。移鎭成都，平巨津州叛蠻。烏撒諸蠻復叛，從傅友德討平之。

二十三年治胡惟庸逆黨，家奴封帖木告仲亨與勝宗、費聚、趙庸皆與通謀，下吏訊。獄具，帝曰：「朕每怪其居貴位有憂色。」遂誅仲亨，籍其家。

初，仲亨年十七，爲亂兵所掠，父母兄弟俱亡，持一升麥伏草間。帝見之，呼曰「來」，遂從征伐，至封侯。帝嘗曰：「此我初起時腹心股肱也。」竟誅死。

費聚，字子英，五河人。父德興，以材勇爲游徼卒。聚少習技擊。太祖遇於濠，偉其貌，深相結納。定遠張家堡有民兵無所屬，郭子興欲招之，念無可使者。太祖力疾請行，偕聚騎而往，步卒九人俱。至寶公河，望其營甚整，弓弩皆外向。步卒懼，欲走。太祖曰：「彼以騎蹴我，走將安往？」遂前抵其營。招諭已定，約三日，太祖先歸，留聚俟之。其帥欲他屬，聚還報。太祖復偕聚以三百人往，計縛其帥，收卒三千人。豁鼻山有秦把頭八百餘人，聚復招降之。遂從取靈壁，克泗、滁、和州。授承信校尉。

旣定江東，克長興，立永興翼元帥府，以聚副耿炳文爲元帥。張士誠入寇，擊敗之。召領宿衞。援安豐，兩定江西，克武昌，皆從。改永興翼元帥府爲永興親軍指揮司，仍副炳文爲指揮同知。士誠復入寇，獲其帥宋興祖，再敗之。士誠奪氣，不敢復窺長興。隨征淮安、湖州、平江，皆有功，進指揮使。湯和討方國珍，聚以舟師從海道邀擊。浙東平，復由海道取福州，破延平。歸次昌國，剿海寇葉、陳二姓於蘭秀山，至是聚始獨將。

洪武二年會大軍取西安，改西安衞指揮使，進都督府僉事，鎭守平涼。三年封平涼侯，歲祿千五百石，予世券。時諸將在邊屯田募伍，歲有常課。聚頗耽酒色，無所事事。又以招降無功，召還，切責之。明年從傅友德征雲南，大戰白石江，擒達里麻。雲南平，進取大理。未幾，諸蠻復叛，命副安陸侯吳復爲總兵，授以方略，分攻關索嶺及阿咱等寨，悉下之。蠻地始定。置貴州都指揮使司，以聚署司事。十八年命爲總兵官，帥指揮丁忠等征廣南，擒火立達，俘其衆萬人。還鎭雲南。二十三年召還。李善長敗，語連聚。帝曰：「聚曩使姑蘇不稱旨，朕嘗詈責，遂欲反耶！」竟坐黨死，爵除。

子超，征方國珍，沒於陣。璿，以人材舉官江西參政。孫宏，從征雲南，積功爲右衞指揮使。坐奏對不實，戍金齒。

陸聚，不知何許人，元樞密院同知。脫脫敗芝麻李於徐州，彭大等奔濠，聚撫戢流亡，繕城保境，寇不敢犯。徐達經理江、淮，聚以徐、宿二州降。太祖嘗詔諭：「二州吾桑梓地，未忍加兵。」及歸附，大悅，以聚爲江南行省參政，仍守徐州。遣兵略定沛、魚臺、邳、蕭、宿遷、睢寧。擴廓遣李左丞侵徐，駐陵子村。聚遣指揮傅友德擊之，俘其衆，擒李左丞。又敗元兵於宿州，擒僉院邢端等。從定山東，平汴梁。還鎮，改山東行省參政。從平元都，略大同、保定、眞定，攻克車子山及鳳山、城山、鐵山諸寨，分守井陘故關，會師陝西，克承天寨。聚所部皆淮北勁卒，雖燕、趙精騎不及也。北征，沂、邳山民乘間作亂，召聚還，討平之。

洪武三年封河南侯，歲祿九百石，予世券。八年同衞國公愈屯田陝西，置衞戍守。十二年同信國公和練兵臨清。尋理福建軍務。召還，賜第鳳陽。二十三年坐胡惟庸黨死，爵除。

鄭遇春，濠人。與兄遇霖俱以勇力聞。遇霖與里人有郤，欲殺之，遇春力護得解。衆皆畏遇霖，而以遇春爲賢。太祖下滁州，遇霖爲先鋒，取鐵佛岡、三汊河、大柳等寨，遇春亦累功至總管。攻蕪湖，遇霖戰死，遇春領其衆。時諸將所部不過千人，遇春兼兩隊，而所部尤驍果，累戰功多，授左翼元帥。從平陳友諒，身先士卒，未嘗自言功，太祖異之。取六安，爲六安衞指揮僉事。從大將軍定山東、河南北，克朔州，改朔州衞指揮副使。洪武三年進同知大都督府事，封滎陽侯，歲祿九百石，予世券。明年命駐臨濠，開行大都督府，坐累奪爵。尋復之，復守朔州。從傅友德平雲南，帥楊文等經略城池屯堡。還京，督金吾諸衞，造海船百八十艘，運餉遼東，籍陝西岷州諸衞官馬。二十三年坐胡惟庸黨死，爵除。

黃彬，江夏人。從歐普祥攻陷袁、吉屬縣，徐壽輝以普祥守袁州。及陳友諒殺壽輝，僭僞號，彬言於普祥曰：「公與友諒比肩，奈何下之？友諒驕恣，非江東敵也，保境候東師，當不失富貴。」普祥遂遣使納欵。友諒遣弟友仁攻之。彬與普祥敗其衆，獲友仁。友諒懼，約分界不相犯，乃釋友仁。時江、楚諸郡皆爲陳氏有，袁扼其要害，潭、岳、贛兵不得出，友諒勢大蹙。太祖兵臨之，遂棄江州，彬力也。

太祖至龍興，令普祥仍守袁州，而以彬爲江西行省參政。未幾，普祥死，彬領其衆。普祥故殘暴，彬盡反所爲，民甚安之。從常遇春征贛州。饒鼎臣據吉安，爲熊天瑞聲援。遇春兵至，鼎臣走安福，彬以兵躡之。鼎臣走茶陵，天瑞乃降。永新守將周安叛，彬從湯和執安，鼎臣亦殪。移鎮袁州，招集諸山寨，江西悉定。進江淮行省中書左丞。

洪武三年封宜春侯，歲祿九百石，予世券。四年，贛州上猶山寇叛，討平之。五年，古州等洞蠻叛，以鄧愈爲征南將軍，三道出師，彬與營陽侯璟出澧州。師還，賜第中都。明年從徐達鎮北平，出練兵沂州、臨清。二十三年坐胡惟庸黨死，爵除。

葉昇，合肥人。左君弼據盧，昇自拔來歸。以右翼元帥從征江州，以指揮僉事從取吳，以府軍衞指揮使從定明州。洪武三年論功，僉大都督府事。明年從征西將軍湯和以舟師取蜀。越二年，出爲都指揮使，鎮守西安，討平慶陽叛寇。十二年復僉大都督府事。西番叛，與都督王弼征之，降乞失迦，平其部落。復討平延安伯顏帖木兒，擒洮州番酋。論功，封靖寧侯，歲祿二千石，世指揮使。鎮遼東，修海、蓋、復三城。〔五〕在鎮六年，邊備修舉，外寇不敢犯。發高麗賂遺，帝屢賜敕，與唐勝宗同褒。

二十年命同普定侯陳桓總制諸軍於雲南定邊、姚安，立營屯田，經理畢節衞。明年，東川、龍海諸蠻叛，昇以參將從沐英討平之。已而湖廣安福所千戶夏德忠誘九溪洞蠻爲寇，昇同胡海等討之。潛兵出賊後掩擊，擒德忠，立永定、九溪二衞，因留屯襄陽。贛州山賊復結湖廣峒蠻爲寇。昇爲副將軍，同胡海等討平之，俘獲萬七千人。昇凡三平叛蠻，再出練兵甘肅、河南。二十五年八月坐交通胡惟庸事覺誅死。涼國公藍玉，昇姻也，玉敗，復連及昇，以故名隸兩黨云。

贊曰：諸將當草昧之際，上觀天命，委心明主，戰勝攻取，克建殊勳，皆一時之智勇也。及海內寧謐，乃名隸黨籍，或追論，或身坐，鮮有能自全者。圭裳之錫固足酬功，而礪帶之盟不克再世，亦可慨矣夫。

校勘記

〔一〕敗蜀兵於漢州　漢州，原作「漢川」，據同卷陳德傳及明史稿傳一六顧時傳改。按漢川在湖北，與「伐蜀」事不相應。漢州屬成都府，見本書卷四三地理志，應以漢州爲是。下同。

〔二〕分其祿爲三一以贍所殺吳富及馬軍之家一以給其母妻　太祖實錄卷五九洪武三年十二月戊辰條稱「分其祿爲三：一以贍富之家，一以贍所殺馬軍之家，一以養其老母妻子。」較明確。

〔三〕擢鎮國將軍大都督府僉事　鎮國將軍，太祖實錄卷一六八洪武十七年十一月癸酉條作「鎮國上將軍」。

〔四〕破龍德　龍德，本書卷二太祖紀、太祖實錄卷六四洪武四年四月辛丑條作「隆州」。明通鑑卷四考異：「三編質實謂蜀之隆州有三，皆非階、文入蜀之道。蓋龍州即今龍安府，實錄誤龍爲隆耳。友德由階、文而搗江油，趨綿州，則龍州爲必經之路。」按蜀無「龍德」，疑作龍州是。

〔五〕修海蓋復三城　蓋，原作「益」。按海州、蓋州、復州屬遼東都指揮司，見本書卷四一地理志，據改。

明史卷一百三十二

列傳第二十

朱亮祖　周德興　王弼　藍玉 曹震　張翼　張溫　陳桓　朱壽　曹興

謝成　李新

朱亮祖，六安人。元授義兵元帥。太祖克寧國，擒亮祖，喜其勇悍，賜金幣，仍舊官。居數月，叛歸於元，數與我兵戰，爲所獲者六千餘人，遂入宣城據之。太祖方取建康，未暇討也。已，遣徐達等圍之。亮祖突圍戰，常遇春被創而還，諸將莫敢前。太祖親往督戰，獲之，縛以見。問曰：「爾將何如？」對曰：「生則盡力，死則死耳。」太祖壯而釋之。累功授樞密院判。從下南昌、九江，戰鄱陽湖，下武昌，進廣信衞指揮使。李文忠破李伯昇於新城，亮祖乘勝燔其營落數十，獲同僉元帥等六百餘人、軍士三千、馬八百匹，輜重鎧甲無算，伯昇僅以數騎遁。太祖嘉其功，賜賚甚厚。胡深請會兵攻陳友定，亮祖由鉛山進取浦城，克崇安、建陽，功最多。會攻桐廬，圍餘杭，遷浙江行省參政，副李文忠守杭州。帥馬步舟師數萬討方國瑛，下天台，進攻台州。國瑛出走，追至黃巖，降其守將哈兒魯，徇下仙居諸縣。進兵溫州。方明善拒戰，擊敗之，克其城。徇下瑞安，復敗明善於盤嶼，追至楚門。國瑛及明善詣軍降。

洪武元年副征南將軍廖永忠由海道取廣東。何眞降，悉定其地。進取廣西，克梧州。元尙書普賢帖木兒戰死，遂定鬱林、潯、貴諸郡。與平章楊璟會師攻克靖江，同廖永忠克南寧、象州。廣西平。班師，太子帥百官迎勞龍灣。三年封永嘉侯，食祿千五百石，予世劵。四年伐蜀。帝以諸將久無功，命亮祖爲征虜右副將軍。濟師至蜀，而明昇已降。徇下未附州縣。師還，以擅殺軍校不預賞。八年同傅友德鎭北平。還，又同李善長督理屯田，巡海道。十二年出鎭廣東。

亮祖勇悍善戰而不知學，所爲多不法，番禺知縣道同以聞。亮祖誣奏同，同死，事見同傳。帝尋悟，明年九月召亮祖至，與其子府軍衞指揮使暹俱鞭死。御製壙誌，仍以侯禮葬。二十三年追論亮祖胡惟庸黨，次子昱亦坐誅。

周德興，濠人。與太祖同里，少相得。從定滁、和。渡江，累戰皆有功，遷左翼大元帥。從取金華、安慶、高郵，援安豐，征廬州，進指揮使。從討贛州、安福、永新，拔吉安，再進湖廣行省左丞。同楊璟討廣西，攻永州。元平章阿思蘭及周文貴自全州來援。德興再擊敗之，斬朱院判，追奔至全州，遂克之。道州、寧州、藍山皆下。進克武岡州，分兵據險，絕靖江聲援。廣西平，功多。

洪武三年封江夏侯，歲祿千五百石，予世券。是歲，慈利土酋覃垕連茅岡諸寨爲亂，長沙洞苗俱煽動。太祖命德興爲征南將軍，〔一〕帥師討平之。明年伐蜀，副湯和爲征西左將軍，克保寧。先是，傅友德已克階、文，而和所帥舟師未進。及保寧下，兩路軍始合。蜀平，論功，帝以和功由德興，賞德興而面責和。且追數征蠻事，謂覃垕之役，楊璟不能克，趙庸中道返，功無與德興比者。復副鄧愈爲征南左將軍，帥趙庸、左君弼出南寧，平婁鳳、安田諸州蠻，克泗城州，功復出諸將上。賞倍於大將，命署中立府，行大都督府事。德興功既盛，且恃帝故人，營第宅踰制。有司列其罪，詔特宥之。

十三年命理福建軍務，旋召還。明年，五溪蠻亂，德興已老，力請行。帝壯而遣之，賜手書曰：「趙充國圖征西羌，馬援請討交阯，朕常嘉其事，謂今人所難。卿忠勤不怠，何忝前賢，靖亂安民，在此行也。」至五溪，蠻悉散走。會四川水盡源、通塔平諸洞作亂，仍命德興討平之。十八年，楚王楨討思州五開蠻，復以德興爲副將軍。

德興在楚久，所用皆楚卒，威震蠻中。定武昌等十五衞，歲練軍士四萬四千八百人。決荊州嶽山壩以溉田，〔二〕歲增官租四千三百石。楚人德之。還鄉，賜黃金二百兩，白金二千兩，文綺百匹。居無何，帝謂德興：「福建功未竟，卿雖老，尚勉爲朕行。」德興至閩，按籍僉練，得民兵十萬餘人。〔三〕相視要害，築城一十六，置巡司四十有五，防海之策始備。踰三年，歸第，復令節制鳳陽留守司，幷訓練屬衞軍士。諸勳臣存者，德興年最高，歲時入朝，賜予不絕。二十五年八月，以其子驥亂宮，幷坐誅死。

王弼，其先定遠人，後徙臨淮。善用雙刀，號雙刀王。初結鄉里，依三臺山樹柵自保。踰年，帥所部來歸。太祖知其才，使備宿衞。破張士誠兵於湖州，取池州石埭，攻婺源州，斬守將鐵木兒不花，拔其城，獲甲三千。擢元帥。下蘭溪、金華、諸暨，援池州，復太平，下龍興、吉安。大戰鄱陽，邀擊陳友諒於涇江口。從平武昌，還克廬州，拔安豐，破襄陽、安陸。取淮東，克舊館，降士誠將朱暹，遂取湖州。遷驍騎右衞親軍指揮使。

進圍平江，弼軍盤門。士誠親帥銳士突圍，出西門搏戰，將奔常遇春軍。遇春分兵北濠截其後，而別遣兵與戰。士誠軍殊死鬬，遇春拊弼臂曰：「軍中皆稱爾健將，能爲我取此乎？」弼應曰：「諾。」馳騎揮雙刀奮擊，敵小却。遇春帥衆乘之，吳兵大敗，人馬溺死沙盆潭者甚衆。士誠馬逸墮水，幾不救，肩輿入城，自是不敢復出。吳平，賞賚甚厚。

從大軍征中原，下山東，略定河南北，遂取元都。克山西，走擴廓。自河中渡河，克陝西，進征察罕腦兒，師還。洪武三年授大都督府僉事，世襲指揮使。十一年副西平侯沐英征西番，降朶甘諸酋及洮州十八族，殺獲甚衆。論功，封定遠侯，食祿二千石。十四年從傅友德征雲南，至大理，土酋段世扼龍尾關。弼以兵由洱水趨上關，與沐英兵夾擊之，拔其城，擒段世，鶴慶、麗江諸郡以次悉平。加祿五百石，予世劵。

二十年，以副將軍從馮勝北伐，降納哈出。明年復以副將軍從藍玉出塞。深入不見敵，玉欲引還。弼持不可，玉從之。進至捕魚兒海，以弼爲前鋒，直薄敵營，走元嗣主脫古思帖木兒，盡獲其輜重，語在玉傳。二十三年奉詔還鄉。二十五年從馮勝、傅友德練軍山西、河南。明年同召還，先後賜死。爵除。弼子六人，女爲楚王妃。

藍玉，定遠人。開平王常遇春婦弟也。初隸遇春帳下，臨敵勇敢，所向皆捷。遇春數稱於太祖，由管軍鎮撫積功至大都督府僉事。洪武四年從傅友德伐蜀，克綿州。五年從徐達北征，先出雁門，敗元兵於亂山，再敗之於土剌河。七年帥兵拔興和，獲其國公帖里密赤等五十九人。十一年同西平侯沐英討西番，擒其酋三副使，斬獲千計。明年，師還，封永昌侯，食祿二千五百石，予世券。十四年，以征南左副將軍從潁川侯傅友德征雲南，〔四〕擒元平章達里麻於曲靖，梁王走死。滇地悉平，玉功爲多。益祿五百石。册其女爲蜀王妃。

二十年，以征虜左副將軍從大將軍馮勝征納哈出，次通州。聞元兵有屯慶州者，玉乘大雪，帥輕騎襲破之，殺平章果來，擒其子不蘭溪還。會大軍進至金山，納哈出遣使詣大將軍營納欵，玉往受降。納哈出以數百騎至，玉大喜，飲以酒。納哈出酌酒酬玉，玉解衣衣之，曰：「請服此而飲。」納哈出不肯服，玉亦不飲，爭讓久之。納哈出覆酒於地，顧其下咄咄語，將脫去。鄭國公常茂在坐，直前砍傷之，都督耿忠擁以見勝。其衆驚潰，遣降將觀童諭降之。還至亦迷河，悉降其餘衆。會馮勝有罪，收大將軍印，命玉行總兵官事，尋即軍中拜玉爲大將軍，移屯薊州。

時順帝孫脫古思帖木兒嗣立，擾塞上。二十一年三月命玉帥師十五萬征之。出大寧，至慶州，諜知元主在捕魚兒海，間道兼程進至百眼井。去海四十里，不見敵，欲引還。定遠侯王弼曰：「吾輩提十餘萬衆，深入漠北，無所得，遽班師，何以復命？」玉曰：「然。」令軍士穴地面爨，毋見烟火，乘夜至海南。敵營尚在海東北八十餘里，玉令弼爲前鋒，疾馳薄其營。敵謂我軍乏水草，不能深入，不設備。又大風揚沙，晝晦。軍行，敵無所覺。猝至前，大驚，迎戰，敗之。殺太尉蠻子等，降其衆。元主與太子天保奴數十騎遁去。玉以精騎追之，不及。獲其次子地保奴、妃公主以下百餘人。又追獲吳王朵兒只、代王達里麻及平章以下官屬三千人、男女七萬七千餘人，并寶璽符敕金牌金銀印諸物、馬駝牛羊十五萬餘，焚其甲仗蓄積無算。奏捷京師，帝大喜，賜敕褒勞，比之衛青、李靖。又破哈剌章營，獲人畜六萬。師還，進涼國公。

明年命督修四川城池。二十三年，施南、忠建二宣撫司蠻叛，命玉討平之。又平都勻安撫司散毛諸洞，益祿五百石，詔還鄉。二十四年命玉理蘭州、莊浪等七衛兵，以追逃寇祁者孫，遂略西番罕東之地。土酋哈昝等遁去。〔五〕會建昌指揮使月魯帖木兒叛，詔移兵討之。至則都指揮瞿能等已大破其衆，月魯走柏興州。玉遣百戶毛海誘縛其父子，送京師誅之，而盡降其衆，因請增置屯衛。報可。復請籍民爲兵，討朵甘、百夷。詔不許，遂班師。

玉長身赬面，饒勇略，有大將才。中山、開平既沒，數總大軍，多立功。太祖遇之厚。寖驕蹇自恣，多蓄莊奴、假子，乘勢暴橫。嘗佔東昌民田，御史按問。玉怒，逐御史。北征還，夜扣喜峯關。關吏不時納，縱兵毀關入。帝聞之不樂。又人言其私元主妃，妃慚自經死，帝切責玉。初，帝欲封玉梁國公，以過改爲涼，仍鐫其過於券。玉猶不悛，侍宴語傲慢，在軍擅黜陟將校，進止自專，帝數譙讓。西征還，命爲太子太傅。玉不樂居宋、潁兩公下，曰：「我不堪太師耶！」比奏事多不聽，益怏怏。

二十六年二月，錦衣衞指揮蔣瓛告玉謀反，下吏鞫訊。獄辭云：「玉同景川侯曹震、鶴慶侯張翼、舳艫侯朱壽、東莞伯何榮及吏部尚書詹徽、戶部侍郎傅友文等謀爲變，將伺帝出耤田舉事。」獄具，族誅之。列侯以下坐黨夷滅者不可勝數。手詔布告天下，條列爰書爲逆臣錄。至九月，乃下詔曰：「藍賊爲亂，謀泄，族誅者萬五千人。自今胡黨、藍黨概赦不問。」胡謂丞相惟庸也。於是元功宿將相繼盡矣。凡列名逆臣錄者，一公、十三侯、二伯。葉昇前坐事誅，胡玉等諸小侯皆別見。其曹震、張翼、張溫、陳桓、朱壽、曹興六侯，附著左方。

曹震，濠人。從太祖起兵，累官指揮使。洪武十二年，以征西番功封景川侯，祿二千石。從藍玉征雲南，分道取臨安諸路，至威楚，降元平章閻乃馬歹等。雲南平，因請討容美、散毛諸洞蠻及西番朵甘、思曩日諸族。詔不許。又請以貴州、四川二都司所易番馬，分給陝西、河南將士。又言：「四川至建昌驛，道經大渡河，往來者多死瘴癘。詢父老，自眉州峨眉至建昌，〔六〕有古驛道，平易無瘴毒，已令軍民修治。請以瀘州至建昌驛馬，移置峨眉新驛。」從之。二十一年與靖寧侯葉昇分道討平東川叛蠻，俘獲五千餘人。尋復命理四川軍務，同藍玉覈征南軍士。

會永寧宣慰司言，所轄地有百九十灘，其八十餘灘道梗不利。詔震疏治之。震至瀘州按視，有支河通永寧，乃鑿石削崖令深廣，以通漕運。又闢陸路，作驛舍郵亭，駕橋立棧，自茂州，一道至松潘，一道至貴州，以達保寧。先是行人許穆言：「松州地磽瘠，不宜屯種，戍卒三千，糧運不給，請移戍茂州，俾就近屯田。」帝以松州控制西番，不可動。至是運道既通，松潘遂爲重鎮，帝嘉其勞。踰年復奏四事。一，請於雲南大寧境就井煑鹽，募商輸粟以贍邊。一，令商入粟雲南建昌，給以重慶、綦江市馬之引。一，請蠲馬湖逋租。一，施州衞軍儲仰給湖廣，泝江險遠，請以重慶粟順流輸之。皆報可。

震在蜀久，諸所規畫，並極周詳。蜀人德之。藍玉敗，謂與震及朱壽誘指揮莊成等謀不軌。論逆黨，以震爲首，並其子炳誅之。

張翼，臨淮人。父聚，以前翼元帥從平江南、淮東，積功爲大同衞指揮同知，致仕。翼隨父軍中，驍勇善戰，以副千戶嗣父職。從征陝西，擒叛寇。擢都指揮僉事，進僉都督府事。從藍玉征雲南，克普定、曲靖，取鶴慶、麗江，剿七百房山寨，擣劍川，擊石門。十七年論功封鶴慶侯，祿二千五百石，予世券。二十六年坐玉黨死。

張溫，不詳何許人。從太祖渡江，授千戶，積功至天策衞指揮僉事。從大軍收中原，克陝西，攻下蘭州守之。元將擴廓偵大將軍南還，自甘肅帥步騎奄至。諸將請固守以待援。溫曰：「彼遠來，未知我虛實，乘暮擊之，可挫其銳。倘彼不退，固守未爲晚也。」於是整兵出戰，元兵少却。已而圍城數重，溫斂兵固守，敵攻不能下，乃引去。太祖稱爲奇功，擢大都督府僉事。已，又命兼陝西行都督府僉事。

當蘭州之受圍也，元兵乘夜梯城而登。千戶郭佑被酒臥，他將巡城者擊退之。圍既解，溫將斬佑，天策衞知事朱有聞爭曰：「當賊犯城時，將軍斬佑以令衆，軍法也。賊既退，始追戮之，無及於事，且有擅殺名。」溫謝曰：「非君不聞是言。」遂杖佑釋之。帝聞而兩善焉，并賞有聞綺帛。

其明年，以參將從傅友德伐蜀，功多。十一年，以副將會王弼等討西羌。明年論功封會寧侯，祿二千石。又明年命往理河南軍務。十四年從傅友德征雲南。二十年秋帥師討納哈出餘衆，從北伐，皆有功。後以居室器用僭上，獲罪，遂坐玉黨死。

陳桓，濠人。從克滁、和。渡江，克集慶先登。從取寧國、金華，戰龍江、彭蠡，收淮東、浙西，平中原。累功授都督僉事。洪武四年從伐蜀。十四年從征雲南，與胡海、郭英帥兵五萬，由永寧趨烏撒。道險隘，自赤河進師，與烏撒諸蠻大戰，敗走之。再破芒部土酋，走元右丞實卜，遂城烏撒，降東川烏蒙諸蠻，進克大理，略定汝寧、靖寧諸州邑。十七年封普定侯，祿二千五百石，予世券。二十年同靖寧侯葉昇征東川，俘獲甚衆。就令總制雲南諸軍。再平九溪洞蠻，立營堡，屯田。還，坐玉黨死。

朱壽，未詳何許人。以萬戶從渡江，下江東郡邑，進總管。收常、婺，克武昌，平蘇、湖，轉戰南北，積功爲橫海衞指揮，進都督僉事。與張赫督漕運，有功。洪武二十年封舳艫侯，祿二千石，予世券。坐玉黨死。

曹興，一名興才，未詳何許人。從平武昌，授指揮僉事。取平江，進指揮使。克蘇九疇炭山寨。進都督僉事，兼太原衞指揮。進山西行省參政，領衞事，爲晉王相。洪武十一年從沐英討洮州羌，降朶甘酋，擒三副使等。師還，封懷遠侯，世襲指揮使。理軍務山西，從北征有功。後數年，坐玉黨死。

同時以黨連坐者，都督則有黃輅、湯泉、馬俊、王誠、聶緯、王銘、許亮、謝熊、汪信、蕭用、楊春、張政、祝哲、陶文、茆鼎凡十餘人，多玉部下偏裨。於是勇力武健之士芟夷略盡，罕有存者。

謝成，濠人。從克滁、和。渡江，定集慶，授總管。克寧國、婺州，進管軍千戶。戰鄱陽，平武昌，下蘇、湖，進指揮僉事。從大軍征中原，克元都，攻慶陽，擣定西，爲都督僉事、晉王府相。從沐英征朶甘，降乞失迦，平洮州十八族。洪武十二年封永平侯，祿二千石，世指揮使。二十年同張溫追討納哈出餘衆，召還。二十七年坐事死，沒其田宅。

李新，濠州人。從渡江，數立功。戰龍灣，授管軍副千戶。取江陵，進龍驤衞正千戶。克平江，遷神武衞指揮僉事，調守茶陵衞，屢遷至中軍都督府僉事。十五年，以營孝陵，封崇山侯，歲祿千五百石。二十二年命改建帝王廟於雞鳴山。新有心計，將作官吏視成畫而已。明年遣還鄉，頒賜金帛田宅。

時諸勳貴稍僭肆，帝頗嫉之，以黨事緣坐者衆。新首建言，公、侯家人及儀從戶各有常數，餘者宜歸有司。帝是之，悉發鳳陽隸籍爲民，命禮部纂稽制錄，嚴公侯奢侈踰越之禁。於是武定侯英還佃戶輸稅，信國公和還儀從戶，曹國公景隆還莊田，皆自新發之。二十六年督有司開胭脂河於溧水，西達大江，東通兩浙，以濟漕運。河成，民甚便之。二十八年以事誅。

贊曰：治天下不可以無法，而草昧之時法尚疏，承平之日法漸密，固事勢使然。論者每致慨於鳥盡弓藏，謂出於英主之猜謀，殊非通達治體之言也。夫當天下大定，勢如磐石之安，指麾萬里，奔走恐後，復何所疑忌而芟薙之不遺餘力哉？亦以介胄之士桀驁難馴，乘其鋒銳，皆能豎尺寸於疆埸，迨身處富貴，志滿氣溢，近之則以驕恣啓危機，遠之則以怨望扞文網。人主不能廢法而曲全之，亦出於不得已，而非以剪除爲私計也。亮祖以下諸人既昧明哲保身之幾，又違制節謹度之道，駢首就僇，亦其自取焉爾。

校勘記

〔一〕太祖命德興爲征南將軍　南，原作「蠻」，據本書卷一太祖紀、卷三一〇湖廣土司傳、太祖實錄卷五七洪武三年十月癸亥條改。

〔二〕決荆州嶽山壩以溉田　荆州，原作「荆山」，據本書卷八八河渠志、明史稿傳一五周德興傳、太祖實錄卷一六〇洪武十七年三月丁未條改。

〔三〕得民兵十萬餘人　本書卷九一兵志作「得兵萬五千人」。

〔四〕以征南左副將軍從潁川侯傅友德征雲南　左，原作「右」。按本書卷一二九傅友德傳，「帥左副將軍藍玉，右副將軍沐英」，本書卷二太祖紀、太祖實錄卷一三九洪武十四年九月壬午條都作「左副將軍」，據改。

〔五〕土酋哈昝等遁去　哈昝，原作「哈咎」，據本書卷一五五宋晟傳、又卷三三〇安定衞傳、國榷卷九頁七二九改。

〔六〕自眉州峨眉至建昌　兩「眉」字原作「嵋」，據本書卷四三地理志改。

明史卷一百三十三

列傳第二十一

廖永安 俞通海 弟通源 淵 胡大海 養子德濟 欒鳳
耿再成 張德勝 汪興祖 趙德勝 南昌康郎山兩廟忠臣附
桑世傑 劉成 茅成 楊國興 胡深 孫興祖
曹良臣 周顯 常榮 張耀 濮英 于光等

廖永安，字彥敬，德慶侯永忠兄也。太祖初起，永安兄弟偕俞通海等以舟師自巢湖來歸。太祖親往收其軍，遂以舟師攻元中丞蠻子海牙於馬場河。元人駕樓船，不利進退，而永安輩操舟若飛，再戰再破元兵，始定渡江策。頃之，發江口。永安舉帆，請所向，命直指牛渚。西北風方驟，頃刻達岸。太祖急揮甲士鼓勇以登，采石鎮兵皆潰，遂乘勝取太平。

授管軍總管。以舟師破海牙水柵，擒陳兆先，入集慶。擢建康翼統軍元帥。以舟師從取鎮江，克常州，擢同僉江南行樞密院事。又以舟師同常遇春自銅陵趨池州，合攻，破其北門，執徐壽輝守將，遂克池州。偕俞通海拔江陰之石牌戍，降張士誠守將欒瑞，擢同知樞密院事。又以舟師破士誠兵於常熟之福山港，再破之通州之狼山，獲其戰艦以歸。遂從徐達復宜興，乘勝深入太湖。遇吳將呂珍，與戰，後軍不繼，舟膠淺，被執。永安長水戰，所至輒有功。士誠愛其才勇，欲降之。不可，爲所囚。太祖壯永安不屈，遙授行省平章政事，封楚國公。永安被囚凡八年，竟死於吳。吳平，喪還，太祖迎祭於郊。

洪武六年，帝念天下大定，諸功臣如永安及俞通海、張德勝、耿再成、胡大海、趙德勝、桑世傑皆已前沒，猶未有謚號，乃下禮部定議。議曰：「有元失馭，四海糜沸。英傑之士，或起義旅，或保一方，泯泯棼棼，莫知所屬。眞人奮興，不期自至，龍行而雲，虎嘯而風。若楚國公臣永安等，皆熊羆之士，膂力之才，非陷堅沒陣，卽罹變捐軀，義與忠俱，名耀天壤。陛下混一天下，追維舊勞，爵祿及子孫，烝嘗著祀典，易名定謚，於禮爲宜。臣謹按謚法，以赴敵逢難，謚臣永安武閔；殺身克戎，謚臣通海忠烈；奉上致果，謚臣張德勝忠毅；勝敵致强，謚臣大海武莊；闢土斥境，武而不遂，謚臣再成武壯；折衝禦侮，壯而有力，謚臣趙德勝武桓。臣世傑，業封永義侯，與漢世祖封寇恂、景丹相類，當卽以爲謚。」詔曰：「可。」九年皆加贈開國輔運推誠宣力武臣、光祿大夫、柱國。已，又改封永安鄖國公。無子，授其從子昇爲指揮僉事。

俞通海，字碧泉，其先濠人也。父廷玉徙巢，子三人，通海、通源、淵。元末，盜起汝、潁。廷玉父子與趙普勝、廖永安等結寨巢湖，有水軍千艘，數爲廬州左君弼所窘，遣通海間道歸太祖。太祖方駐師和陽，謀渡江，無舟楫。通海至，大喜曰：「天贊我也。」親往撫其軍，〔一〕而趙普勝叛去。元兵以樓船扼馬場河等口，瀕湖惟一港可通，亦久涸。會天大雨，水深丈餘，乃引舟出江，至和陽。

通海爲人沉毅，治軍嚴而有恩，士樂爲用。巢湖諸將皆長於水戰，而通海爲最。從破海牙諸水寨，授萬戶。從渡江，克采石，取太平，徇下諸屬縣。海牙復以戰艦截采石，而陳兆先合淮兵二十萬屯方山，相掎角。通海與廖永安等擊之，大敗其衆，海牙遁。進破兆先，取集慶路。從湯和拔鎮江，遷秦淮翼元帥。偕諸將取丹陽、金壇、常州，遷行樞密院判官。從克寧國，下水陽，因以舟師略太湖，降張士誠守將於馬蹟山，艤舟胥口。呂珍兵暴至，諸將欲退。通海曰：「不可，彼衆我寡，退則情見，不如擊之。」乃身先疾鬭，矢下如雨，中右目，不能戰，命帳下士被己甲督戰。敵以爲通海也，不敢逼，徐解去。由是一目遂眇。已，偕永安等克石牌戍，奪馬䭾沙而還。普勝既叛歸友諒，陷池州，遣別將守，而自據樅陽水寨。太祖方征浙東，以樅陽爲憂。通海往攻，大破之。普勝陸走，盡獲其舟，遂復池州。遷僉樞密院事。陳友諒犯龍灣，偕諸將擊走之，追焚其舟於慈湖，擒七帥，逐北至采石。功最，進樞密院同知。

從攻友諒，下銅陵，克九江，掠蘄、黄。從徐達擊叛將祝宗、康泰，復南昌。從援安豐，敗士誠兵，還攻廬州。友諒大舉圍南昌，從太祖擊之。遇於康郎山，舟小不能仰攻，力戰幾不支。通海乘風縱火焚其舟二十餘，敵少挫。太祖舟膠，友諒驍將張定邊直前犯太祖舟。常遇春射中定邊，通海飛舸來援，舟驟進水湧，太祖舟得脫。而通海舟復爲敵巨艦所壓，兵皆以頭抵艦，兜鍪盡裂，僅免。明日復戰，偕廖永忠等以七舟置火藥，焚敵舟數百。踰二日，復以六舟深入。敵連大艦力拒。太祖登舵樓望，久之無所見，意已沒。有頃，六舟繞敵艦出，飄颻若游龍。軍士讙譟，勇氣百倍，戰益力。友諒兵大敗。師次左蠡，通海進曰：「湖有淺，舟難回旋。莫若入江，據敵上流。彼舟入，卽成擒矣。」遂移師出湖，水陸結柵。友諒不敢出，居湖中一月，食盡，引兵突走，竟敗死。是役也，通海功最多。師還，賜良田金帛。

明年從平武昌。拜中書省平章政事。總兵略劉家港，進逼通州，敗士誠兵，擒其將朱瓊、陳勝。進攝江淮行中書省事，鎮廬州。從徐達平安豐。又從克湖州，略太倉，秋毫不犯。民大悅。圍平江，戰滅渡橋，搗桃花塢，中流矢，創甚，歸金陵。太祖幸其第，問曰：「平章知予來問疾乎？」通海不能語。太祖揮涕而出。翼日卒，年三十八。太祖臨哭甚哀，從官衞士皆感涕。追封豫國公，侑享太廟，肖像功臣廟。洪武三年改封虢國公，謚忠烈。通海父廷玉官僉樞密院事，先卒，追封河間郡公。通海無子，弟通源嗣其官。

通源，字百川。從大將軍征中原，偕副將軍馮勝等會兵太原，定河中，渡河，克鹿臺，取鳳翔、鞏昌、涇州，守開城。會張良臣據慶陽再叛，大將軍命諸將分兵蹙之。通源自臨洮疾趨至涇，略其西，顧時略其北，傅友德略其東，陳德略其南，大將軍逼城下。良臣援絕糧盡，敗死，遂克慶陽。征定西，克興元，皆先登。洪武三年封南安侯，歲祿千五百石，予世券。四年從廖永忠伐蜀，又從徐達出塞，撫甘肅，有功。從江南豪民十四萬田鳳陽。又攻雲南，征廣南蠻，俘斬數萬。二十二年詔還鄉，賜鈔五萬，置第於巢，未行卒。子祖，病不能嗣。逾年，追論胡黨，以通源死不問，爵除。

淵以父兄故，〔三〕充參侍舍人。從征，積功授都督僉事。通源既坐黨，太祖念廷玉、通海功，二十五年封淵越巂侯，歲祿二千五百石，予世券。帥師討建昌叛賊，城越巂。明年坐累失侯，遣還里。建文元年召復爵，隨大軍征燕，戰沒於白溝河。次子靖嗣官。

胡大海，字通甫，虹人。長身鐵面，智力過人。太祖初起，大海走謁滁陽，命爲前鋒。從渡江，與諸將略地，以功授右翼統軍元帥，宿衞帳下。從破寧國，副院判鄧愈戍之，遂拔徽州，略定其境內。元將楊完者以十萬衆來攻，大海戰城下，大破走之。遂與鄧愈、李文忠自昱嶺關攻建德。敗元師於淳安，遂克建德。再敗楊完者，降溪洞兵三萬人。進樞密院判官。克蘭溪，從取婺州，遷僉樞密院事。

下諸暨，守將胥遁，萬戶沈勝既降復叛。大海擊敗之，生擒四千餘人。改諸暨爲諸全州，移兵攻紹興，再破張士誠兵。太祖以寧、越重地，召大海使守之。士誠將呂珍圍諸全，大海救之。珍堰水灌城，大海奪堰反灌珍營。珍勢蹙，於馬上折矢誓，請各解兵。許之。郎中王愷曰：「珍猾賊不可信，不如因擊之。」大海曰：「言出而背之，不信。既縱而擊之，不武。」師還，人皆服其威信。尋攻處州，走元將石抹宜孫，遂定處州七邑。

陳友諒寇龍江，命分軍擣信州，以牽制敵。大海用王愷言，親引兵往，遂克信州，以爲廣信府。信方絕糧，或勸還師。大海曰：「此閩、楚襟喉地也，可棄之乎？」築城浚隍以守之。先是，軍糧少，所得郡縣，將士皆徵糧於民，名曰寨糧，民甚病之。大海以爲言，始命罷去。進江南行省參知政事，鎮金華。

初，嚴州既下，苗將蔣英、劉震、李福皆自桐廬來歸。大海喜其驍勇，留置麾下。至是，三人者謀作亂，晨入分省署，請大海觀弩於八詠樓。大海出，英遣其黨跪馬前，詐訴英過。大海未及答，反顧英。英出袖中椎擊大海，中腦仆地，幷其子關住、郎中王愷皆遇害。英等大掠城中，奔於吳。其後李文忠攻杭州，杭人執英以降。太祖命誅英，刺其血以祭大海。

大海善用兵，每自誦曰：「吾武人不知書，惟知三事而已：不殺人，不掠婦女，不焚毀廬舍。」以是軍行遠近爭附。及死，聞者無不流涕。又好士，所至輒訪求豪雋。劉基、宋濂、葉琛、章溢之見聘也，大海實薦之。追封越國公，謚武莊，肖像功臣廟，配享太廟。初，太祖克婺州，禁釀酒，大海子首犯之。太祖怒，欲行法。時大海方征越，都事王愷請勿誅，以安大海心。太祖曰：「寧可使大海叛我，不可使我法不行。」竟手刃之。及關住復被殺，大海遂無後。

養子德濟，字世美，不知何許人，大海帥以歸太祖。從攻婺州，爲誘兵，大破元兵於梅花門外，擒其將季彌章，由是知名。旣下信州，太祖以德濟爲行樞密院同僉，使守之。陳友諒將李明道來寇，德濟與力戰。大海來援，夾擊之，擒明道及其宣慰王漢二。及大海爲蔣英所害，處州降將李祐之亦殺院判耿再成以叛。張士誠聞浙東亂，遣其弟士信寇諸全。德濟自信州往救，乘懈得入城，與知州欒鳳、院判謝再興分門守。夜半，出敵不意，砍士信營，破走之。擢浙江行省參知政事，移守新城。士誠將李伯昇帥步騎大入寇。德濟固守，乞師於李文忠。文忠馳救，德濟出兵夾擊，大破之，詳文忠傳。

時德濟所部有潛移家入新城者，文忠疑德濟使然，誅其都事羅彥敬，欲微戒德濟。將士皆怒，走告德濟。德濟怡然曰：「右丞殺彥敬，自爲廣信作戰衣有弊耳，再言者斬。」於是太祖召德濟褒諭之，而責文忠失將士心，且曰：「胡德濟之量，汝不及也。」擢浙江行省右丞，賜駿馬。未幾，改左丞，移鎭杭州。從大將軍徐達出定西。德濟軍失利，達斬其部將數人，械至京師。帝念舊功，釋之。復以爲都指揮使，鎭陝西，卒。

欒鳳，高郵人，知諸全，有能聲。方士信來攻，與謝再興力守，數出奇兵挫敵。再興使部校鬻貨於杭，太祖慮其輸我軍虛實，召再興還，而以參軍李夢庚總制諸全軍馬。旣而念再興功，爲兄子文正娶其長女，命徐達娶其幼女，復遣守諸全。再興忿夢庚出己上，鳳復以細故縄之，遂叛，殺鳳。鳳妻王氏以身蔽鳳，並殺之。執夢庚，降於士誠，夢庚亦死之。太祖以再興數有功，叛非其志，故鳳與夢庚皆不得卹云。

耿再成，字德甫，五河人。從太祖於濠，克泗、滁州。元兵圍六合。太祖救之，與再成軍瓦梁壘，力戰，度不敵引還。元兵尾至，太祖設伏澗側，令再成誘敵，大敗之。以鎮撫從渡江，下集慶。以元帥守鎭江，以行樞密院判官守長興，再守揚州。從取金華，爲前鋒，屯縉雲之黃龍山以遏敵衝。與胡大海破石抹宜孫於處州，克其城，守之。宜孫來攻，又敗之慶元。

再成持軍嚴。士卒出入民間，蔬果無所捐。金華苗帥蔣英等叛，殺胡大海。處州苗帥李祐之等聞之，亦作亂。再成方對客飯，聞變上馬，收戰卒不滿二十人，迎賊罵曰：「賊奴！國家何負汝，乃反。」賊攢槊刺再成。再成揮劍連斷數槊，中傷墜馬，大罵不絕口死。胡深等收其屍，藁葬之。後改葬金陵聚寶山，追封高陽郡公，侑享太廟，肖像功臣廟。洪武十年加贈泗國公，〔三〕謚武壯。

子天璧，聞父難，糾部曲殺賊。比至，李文忠已破賊斬之。遂以天璧守處州，拒方國珍、張士誠皆有功，擢指揮副使。克浦城，搗建寧，走陳友定。征襄陽，進至西安，招諭河州、臨洮，皆下。改杭州指揮同知。七年出海捕倭，深入外洋，溺死。

張德勝，字仁輔，合肥人。才略雄邁。與俞通海等以舟師自巢來歸。從渡江，克采石、太平。陳埜先來攻，與湯和等破擒之，授太平興國翼總管。破蠻子海牙水寨，擒陳兆先。下集慶，克鎭江，授秦淮翼元帥。取常州，擢樞密院判。克寧國，收長槍兵。下太湖，略馬蹟山。攻宜興，取馬馱沙及石牌寨。進僉樞密院事。趙普勝陷池州，德勝往援，弗及，還從徐達拔宜興。普勝復掠靑陽、石埭。德勝與戰栅江口，破走之。已，復同通海擊敗其衆，遂復池州。引兵自無爲趨浮山，走普勝將胡總管，追敗之靑山，逐北至潛山。陳友諒將郭泰逆戰沙河，破斬之，遂克潛山。友諒犯龍江，德勝總舟師迎戰，殺傷相當。德勝大呼，麾諸將奮擊。友諒軍披靡，遂大敗。與諸將追及之慈湖，縱火焚其舟。至采石，大戰，沒於陣。追封蔡國公，謚忠毅，肖像功臣廟，侑享太廟。子宣幼，養子興祖嗣職。

興祖，巢人。本汪姓。既嗣職，從破安慶，克江州，拔蘄、黄，取南昌。從援安豐，大敗張士誠兵。鄱陽之戰，與廖永忠等以六舟深入，又邀擊友諒於涇江口，功最，擢湖廣行省參政。從平武昌，遂克廬州，略地至通州而還。進大都督府僉事。從徐達取淮東，下浙西。進同知大都督府事。大軍北征，别將衞軍由徐州克沂、青、東平，乘勝至東阿，降元參政陳璧及所部五萬餘人。孔子五十六世孫衍聖公希學帥曲阜知縣希舉、鄒縣主簿孟思諒等迎謁於軍門，興祖禮之。兖東州縣聞風皆下，遂取濟寧、濟南。

洪武元年，以都督兼右率府使，從攻樂安，克汴梁、河、洛，還守濟寧。與大將軍會師德州，帥舟師並河進，遂克元都。徇下永平，西取大同，將三衞卒守之。再敗元兵，斬獲無算。時德勝子宣已長，命爲宣武衞指揮同知。而興祖復姓爲汪。三年進克武、朔二州，獲元知院馬廣等。帥兵至大同北口，大敗元兵，獲擴廓弟金剛奴等四百餘人。未幾，命爲晉王武傅，兼山西行都督府僉事。〔四〕四年從前將軍傅友德合兵伐蜀，克階、文，乘勝至五里關，中飛石死。蜀平，詔都督興祖歿於王事，優賞其子，追封東勝侯，予世券。興祖子幼，命與宣同居。以疾卒，爵除。

趙德勝，濠人。爲元義兵長，善馬槊，每戰先登。隸王忙哥麾下，察其必敗。太祖取滁陽，德勝母在軍中，乃棄其妻來從。太祖喜，賜之名，爲帳前先鋒。從取鐵佛岡，攻三汊河，破張家寨，克全椒、後河諸寨。援六合，中流矢，幾殆。擊雞籠山，搗烏江，下和州、含山。夜襲陳埜先營，拔板門、鐵長官二寨，遂取儀眞。授總管府先鋒。從渡江，下太平，克蕪湖、句容、溧水、溧陽，皆有功。從常遇春敗蠻子海牙於采石，破陳兆先營於方山，下集慶，功最。從徐達取鎭江，破苗軍水寨。下丹陽、金壇，平寧國。轉領軍先鋒。取廣德，破張士誠水寨，復從遇春攻常州，解牛塘圍，復廣德、寧國。取江陰，攻常熟，擒張士德。從攻湖州。宜興叛，還兵定之。擢中翼左副元帥。陳友諒犯龍江。龍江第一關曰虎口城，太祖以屬德勝。友諒至，力戰。伏兵起，友諒大敗，遂復太平。下銅陵臨山寨，略黃山橋及馬馱沙，征高郵有功。進後翼統軍元帥。

從太祖西征，破安慶水寨，乘風泝小孤山。距九江五里，友諒始知，倉皇遁去。遂克九江，徇黃梅、廣濟，克瑞昌、臨江、吉安，還下安慶，進克撫州，取新淦。討南昌叛將，復其城，礮傷肩。授僉江南行樞密院事。與朱文正、鄧愈共守南昌。平羅友賢於池州，破友諒將於西山，復臨江、吉安、撫州。未幾，友諒大舉兵圍南昌，德勝帥所部數千背城逆戰，射殺其將，敵大沮。明日復合，環城數匝。友諒親督戰，晝夜攻，城且壞。德勝帥諸將死戰，且戰且築，城壞復完。暮坐城門樓，指揮士卒，弩中腰膂，鏃入六寸，拔出之，歎曰：「吾自壯歲從軍，傷矢石屢矣，無重此者。丈夫死不恨，恨不能掃清中原耳。」言畢而絕，年三十九。追封梁國公，謚武桓，列祀功臣廟，配享太廟。

德勝剛直沉鷙，馭下嚴肅。未嘗讀書，臨機應變，動合古法。平居篤孝友如修士。

友諒圍南昌八十五日，先後戰死者凡十四人。

張子明者，領兵千戶也。洪都圍久，內外隔絕，朱文正遣子明告急於應天。以東湖小漁舟從水關潛出，夜行晝止，半月始得達。太祖問友諒兵勢。對曰：「兵雖盛，戰鬬死者不少。今江水日涸，賊巨艦將不利，援至可破也。」太祖謂子明：「歸語而帥，堅守一月，吾自取之。」還至湖口，為友諒所獲，令誘城中降，子明佯諾。至城下，大呼：「我張大舍。已見主上，令諸公堅守，救且至。」賊怒，攢槊殺之。追封忠節侯。

友諒攻撫州，樞密院判李繼先乘城戰死；左翼元帥牛海龍突圍死；左副元帥趙國旺引兵燒戰艦，敵追至，投橋下死；百戶徐明躍馬出射賊，賊知明名，併力攻，被執死；軍士張德山夜半潛出城，焚賊舟，賊覺，死；夏茂成守城樓，中飛礮死；右翼元帥同知朱潛、統軍元帥許珪俱戰死。蔣必勝陷吉安，參政劉齊、知府朱文華被執，不屈死。〔五〕趙天麟守臨江，友諒攻之，城陷不屈死。祝宗、康泰叛，陷洪都，知府葉琛與行省都事萬思誠迎戰，皆死。事平，皆贈爵侯伯以下有差，立忠臣廟於豫章，並祠十四人，以德勝爲首。而康郎山戰死者三十五人，首丁普郎。

普郎初爲陳友諒將，守小孤山，偕傅友德來降，授行樞密院同知，數有功。及援南昌，大戰鄱陽湖，自辰至午，普郎身被十餘創，首脫猶直立，執兵作鬬狀，敵驚爲神。時七月己丑也。追贈濟陽郡公。張志雄亦友諒將，素驍勇，號長張。從趙普勝守安慶。友諒殺普勝，志雄怨，來降，爲樞密院判。至是舟檣折，敵攢刺之，知不能脫，遂自刎。元帥余昶、右元帥陳弼、徐公輔皆以其日戰沒。先一日，左副指揮韓成，元帥宋貴、陳兆先戰沒。兆先者，埜先從子，既被擒，太祖以其兵備宿衞，感帝大度，効死力，至是戰死。韓成子觀至都督，別有傳。越四日，辛卯，復大戰，副元帥昌文貴、左元帥李信、王勝、劉義死。八月壬戌扼敵涇江口，同知元帥李志高、副使王咬住亦戰死。其他偏裨死事者，千戶姜潤、王鳳顯、石明、王德、朱鼎、王清、常德勝、袁華、陳沖、王喜仙、汪澤、丁宇、史德勝、裴軫、王理、王仁，鎮撫常惟德、鄭興、逯德山、羅世榮、曹信。凡贈公一人、侯十二人、伯二人、子十五人、男六人，皆像康郎山忠臣廟，有司歲致祭。

又程國勝者，徽人。以義兵元帥來歸，敗楊完者，累功至萬戶，守南昌。與牛海龍夜劫友諒營。海龍中流矢死，國勝泅水得脫，抵金陵。從太祖戰鄱陽。張定邊直前犯太祖舟。國勝與韓成、陳兆先駕舸左右奮擊。太祖舟脫，國勝等繞出敵艦後，援絕力戰死。而南昌城中謂國勝已前死，故豫章、康山兩廟俱得預祀云。

桑世傑，無爲人，亦自巢湖來歸。趙普勝有異志，世傑發其謀，普勝逸去。從渡江，以舟師破元水軍。授秦淮翼元帥。下鎭江，徇金壇、丹陽，攻寧國長槍諸軍，克水陽，平常州。判行樞密院事。略地江陰、宜興。

初，石牌民朱定販鹽無賴，與富民趙氏有隙，遂告變，滅趙氏，授江陰判官。尋復爲盜，元遣兵捕之。定聞張士誠據高郵，乃導士誠由通州渡江。遂陷平江，以定爲參政，而遣元帥欒瑞戍石牌。及大兵旣取江陰，瑞尙據石牌，導舟師往來。太祖命永安及世傑擊之，世傑力戰死，瑞亦降，張氏窺江路絕。太祖念其功，贈安遠大將軍、輕車都尉、永義侯，侑享太廟。

子敬以父死事，累官都督府僉事。洪武二十三年封徽先伯，歲祿千七百石，予世券。明年同徐輝祖等防邊，尋令屯軍平陽，坐藍玉黨死。

又劉成者，靈璧人。以統兵總管從耿炳文定長興，爲永興翼左副元帥，數佐炳文敗士誠兵。李伯昇以十萬衆來攻，城中兵僅七千。太祖遣兵援之，未至，炳文嬰城守。成引數十騎出西門，擊敗伯昇兵，擒其將宋元帥，轉至東門。敵悉兵圍之，遂戰死。贈懷遠將軍，立廟長興。

茅成，定遠人。自和州從軍，隸常遇春麾下，克太平，始授萬戶。從定常州、寧國，進總管。克衢州，授副元帥。守金華，改太平興國翼元帥。從克安慶，援安豐，戰鄱陽，克武昌，授武德衞千戶。尋進指揮副使。取贛州、安陸、襄陽、泰州，皆有功。從徐達攻平江，焚張士誠戰船，築長圍困之。達攻婁門，士誠出兵戰，成擊敗之，突至外郛，中叉死。贈東海郡公，祀功臣廟。

同時死者，有楊國興，亦定遠人，以右翼元帥守宜興。初，常州人陳保二聚衆號「黃包軍」，既降復叛，誘執詹、李二將，國興執斬之。授神武衛指揮使。至是攻閶門戰死，以其子益襲指揮使。

胡深，字仲淵，處州龍泉人。穎異有智略，通經史百家之學。元末兵亂，嘆曰：「浙東地氣盡白，禍將及矣。」乃集里中子弟自保。石抹宜孫以萬戶鎮處州，辟參軍事，募兵數千，收捕諸山寇。溫州韓虎等殺主將叛，深往諭之。軍民感泣，殺虎以城降。已，偕章溢討龍泉之亂，搜旁縣盜，以次平之。宜孫時已進行省參政，承制命深爲元帥。戊戌十二月，太祖親征婺州，深帥兵車數百輛往援，至松溪不能救，敗去，婺遂下。明年，耿再成侵處州，宜孫分遣元帥葉琛、參謀林彬祖、鎮撫陳中眞及深帥兵拒戰。會胡大海兵至，與再成合，大破之，進抵城下。宜孫戰敗，與葉琛、章溢走建寧，處州遂下。深以龍泉、慶元、松陽、遂昌四縣降。

太祖素知深名，召見，授左司員外郎，遣還處州，招集部曲。從征江西，既定，命以親軍指揮守吉安。處州苗軍叛，殺守將耿再成，深從平章邵榮討誅之。會改中書分省爲浙東行中書省，遂以深爲行省左右司郎中，總制處州軍民事。時山寇竊發，人情未固。深募兵萬餘人，捕誅渠帥。沿海軍素驍，誅其尤橫者數人，患遂息。癸卯九月，諸全叛將謝再興以張士誠兵犯東陽。左丞李文忠令深引兵爲前鋒，再興敗走。深建議以諸全爲浙東藩屏，乃度地去諸全五十里並五指山築新城，分兵戍守。太祖初聞再興叛，急馳使詣文忠，別爲城守計，至則工已竣。後士誠將李伯昇大舉來侵，頓新城下，不能拔，敗去。太祖嘉深功，賜以名馬。

太祖稱吳王，以深爲王府參軍，仍守處州。溫州豪周宗道聚衆據平陽，數爲方國珍從子明善所偪，以城來歸。明善怒攻之。深遣兵擊走明善，遂下瑞安，進兵溫州。方氏懼，請歲輸銀三萬充軍實。乃命深班師，復還鎭。陳友定兵至，破之，追至浦城，又敗其守兵，城遂下。進拔松溪，獲其守將張子玉。因請發廣信、撫州、建昌三路兵，規取八閩。太祖喜曰：「子玉驍將，擒之則友定破膽，乘勢攻之，理無不克。」因命廣信指揮朱亮祖由鉛山、建昌，左丞王溥由杉關，會深齊進。

已，亮祖等克崇安，進攻建寧。友定將阮德柔固守。深視氛祲不利，欲緩之。亮祖曰：「師已至此，庸可緩乎？且天道幽遠，山澤之氣變態無常，何足徵也。」時德柔兵屯錦江，逼深陣後，亮祖督戰益急。深引兵還，擊破其二柵。德柔軍力戰，友定自以銳師夾擊。日已暮，深突圍走，馬蹶被執，遂遇害，年五十二，追封縉雲郡伯。

太祖嘗問宋濂曰：「胡深何如人？」對曰：「文武才也。」太祖曰：「誠然。浙東一障，吾方賴之。」而深以久任鄉郡，志圖平閩以報効，竟以死徇。深馭衆寬厚，用兵十餘年，未嘗妄戮一人。守處州，興學造士。縉雲田稅重，以新沒入田租償其數。鹽稅什一，請半取之，以通商賈。軍民皆懷其惠云。

孫興祖，濠人。從太祖渡江，積功爲都先鋒。戰龍江，遷統軍元帥。破瑞昌八陣營，擢天策衞指揮使。興祖沉毅有謀，大將軍徐達雅重之。克泰州，以達請，命守海陵。海陵，士誠兵入淮要地也，興祖整軍令，練士伍，防禦甚嚴。吳兵自海口來侵，擊敗之，擒彭元帥。平江既下，命興祖取通州，士誠守將已詣徐達降。進大都督府副使，移鎭彭城。達既定關陝，旋師北向，檄興祖會東昌。從克元都，置燕山六衞，留兵三萬人，命興祖守之，領大都督分府事。大兵西征，擴廓由居庸窺北平，達謂諸將「北平有孫都督，不足慮」，遂直搗太原，語詳達傳。洪武三年帥六衞卒從達出塞，次三不剌川，遇敵力戰死，年三十五。太祖悼惜之，追封燕山侯，謚忠愍，配享通州常遇春祠。

未幾，中書省以都督同知汪興祖兼俸事入奏。帝聞奏興祖名，歎息，命以月俸給故燕山侯興祖家。以其長子恪襲武德衞指揮使。久之，歷都督僉事。二十一年，以右參將從藍玉北征，至捕魚兒海，論功封全寧侯，歲祿二千石，予世券。恪謹敏有儒將風。從征楚、蜀，還駐沔陽，簡閱各衞所軍士備邊。二十五年進兼太子太保。未幾，籍兵山西，從宋國公勝練兵。旋召還，賜第中都。後坐藍玉黨死。

曹良臣，安豐人。潁寇起，聚鄉里築堡自固。歸太祖於應天，爲江淮行省參政。從取淮東，收浙西，進行省左丞。從大軍取元都，略地至澤、潞。進山西行省平章，還守通州。時大兵出山西，通州守備單弱，所部不滿千人。元丞相也速將萬騎營白河。良臣曰：「吾兵少不可與戰。彼衆雖多，亡國之餘，敗氣不振，當以計走之。」乃密遣指揮仵勇等於瀕河舟中多立赤幟，亙三十餘里，鉦鼓聲相聞。也速大駭，遁去。良臣出精騎逐北百餘里，元兵自是不敢窺北平。復從大將軍達擊擴廓帖木兒於定西，敗之。

洪武三年封宣寧侯，歲祿九百石，予世券。明年從伐蜀，克歸州山寨，取容美諸土司。會周德興拔茅岡覃垕寨，自白鹽山伐木開道，出紙坊溪以趨夔州，進克重慶。明年從副將軍文忠北征，至臚朐河，收其部落。文忠帥良臣持二十日糧，兼程進至土剌河。哈剌章渡河拒戰，少却。追至阿魯渾河，敵騎大集。將士皆殊死戰，敵大敗走，而良臣與指揮周顯、常榮、張耀皆戰死。事聞，贈良臣安國公，謚忠壯，列祀功臣廟。子泰襲侯，坐藍玉黨死，爵除。

顯，合肥人。從渡江，累功至指揮同知。洪武三年以收應昌紅羅山寨，遷指揮使。榮，開平王遇春再從弟，歷指揮僉事。遇春卒於軍，榮護喪還。從朱亮祖平蜀，累官至振武衞指揮同知。耀，壽州人，初從陳埜先。建康下，始歸附。累功爲守禦福建指揮使，守興化。至是俱戰沒，帝厚卹諸臣家，命有司各表其墓。

濮英，廬州人。初以勇力爲百夫長，積功至西安衞指揮，坐軍政不修，召還詰責，遣葉昇代之。昇更言其賢，令還衞。洪武十九年，太祖命耿炳文選陝西都司衞所卒備邊，惟英所練稱勁旅，加都督僉事。明年命帥所部隨大將軍馮勝北征。抵金山，降納哈出，遂班師，而以英將奇兵三千人爲殿。納哈出餘衆竄匿者尚數十萬，聞師旋，設伏於途，謀俟大軍過竄取之，未發。英後至，猝爲所乘，衝突不能出，馬踣遂見執。敵既得英，思挾爲質。英絕食不言，乘間引佩刀剖腹死。事聞，贈金山侯，諡忠襄。明年進贈樂浪公。封其子璵爲西涼侯，祿二千五百石，予世券。二十三年，命練兵東昌，又令駐臨淸，訓練士卒。二十五年，召還，同宋國公勝等簡閱山西士馬。璵能修父職，帝甚嘉之。復令籍山西民兵，所籍州縣最多，事集而不擾。明年坐藍玉黨，戍五開死。

洪武中指揮使死事者，又有于光、嚴德、孫虎。

光，都昌人。初事徐壽輝，鎭浮梁。陳友諒弑壽輝，光以浮梁來降，授樞密院判，積功爲鷹揚衞指揮，鎭鞏昌。擴廓圍蘭州，光赴援，至馬蘭灘，戰敗被執，以徇城下。光大呼曰：「公等但堅守，徐將軍將大軍旦夕至矣。」賊怒，批其頰，遂被殺，祀功臣廟。

嚴德，太平人。〔六〕從起兵，積功爲海寧衞指揮。從朱亮祖討方國珍，戰歿於台州。追封天水郡公。

孫虎，不知何許人。〔七〕從援池州，下於潛、昌化，定建德、諸全，皆有功，授千戶。克新城、桐、廬，進海寧衞指揮使。平嘉興盜。從副將軍李文忠北征，由東道入應昌，至落馬河與元兵戰死。追封康安郡伯。

又指揮僉事劉廣，戍永平，禦寇戰死。涼州衞百戶劉林戍涼州，也先帖木兒叛，戰死。

邊人壯之，名其所居寶融臺爲劉林臺。錢塘衞千戶袁興，全椒人，從征雲南，自請爲前鋒，陷陣死。並褒贈有差。

贊曰：明祖之興，自決策渡江，始力爭於東南數千里之內，摧友諒，滅士誠，然後北定中原，南圖閩、粵，則廖永安胡大海以下諸人，厥功豈細哉！計不旋踵，効命疆場，雖勳業未竟，然褒崇廟祀，竹帛爛然。以視功成命爵、終罹黨籍者，其猶幸也夫。

校勘記

〔一〕親往撫其軍　撫，原作「拔」。本書卷一太祖紀，元至正十五年五月「巢湖帥廖永安、俞通海以水軍千艘來附，太祖大喜，往撫其衆」。據改。

〔二〕淵以父兄故　淵，本書卷一四二瞿能傳、明史稿傳一六俞通海傳附通淵傳、國榷卷九頁七三〇都作「通淵」。

〔三〕洪武十年加贈泗國公　十年，原作「三年」，據本書卷一〇五功臣世表、太祖實錄卷一一一洪武十年四月戊辰條改。

〔四〕兼山西行都督府僉事　僉事，太祖實錄卷五三洪武三年六月庚辰條作「同知」。

〔五〕知府朱文華被執不屈死　朱文華，本書卷一太祖紀、紅格本太祖實錄卷一二癸卯五月己巳條均作「朱叔華」。

〔六〕太平人　明史稿傳一六濮英附傳作「濠人」。

〔七〕不知何許人　明史稿傳一六濮英附傳作「壽州人」。

明史卷一百三十四

列傳第二十二

何文輝 徐司馬　葉旺 馬雲　繆大亨 武德　蔡遷 陳文　王銘
甯正 袁義　金興旺 費子賢　花茂　丁玉　郭雲 王溥

何文輝，字德明，滁人。太祖下滁州，得文輝，年十四，撫爲己子，賜姓朱氏。太祖初起，多蓄義子。及長，命偕諸將分守諸路。周舍守鎭江，道舍守寧國，馬兒守婺州，柴舍、眞童守處州，金剛奴守衢州，皆義子也。金剛奴後無考。周舍卽沐英，軍中又呼沐舍。柴舍者，朱文剛，與耿再成死處州難。又有朱文遜，史不傳其小字，亦以義子死太平。自沐英外，最著者唯道舍、馬兒，馬兒卽徐司馬，而道舍卽文輝也。

文輝以天寧翼元帥守寧國，進江西行省參政。數攻江西未下州縣，討新淦鄧仲廉，斬之。援安福，走饒鼎臣，平山尖寨。從徐達取淮東，復從下平江。賜文綺，進行省左丞，復其姓。以征南副將軍與平章胡美由江西取福建，度杉關，入光澤，徇邵武、建陽，直趨建寧。元同僉達里麻、參政陳子琦閉門拒守。文輝與美環攻之。踰十日，達里麻不能支，夜潛至文輝營乞降。詰旦，總管翟也先不花亦以衆降於文輝。美怒兩人不詣己，欲屠其城。文輝馳告美曰：「與公同受命至此，爲安百姓耳。今旣降，奈何以私忿殺人。」美乃止。師入城，秋毫無所犯。汀、泉諸州縣聞之，皆相次歸附。會車駕幸汴梁，召文輝扈從，因命爲河南衞指揮使，定汝州餘寇。從大將軍取陝西，留守潼關。洪武三年授大都督府都督僉事，予世襲指揮使。復以參將從傅友德等平蜀，賜金幣，留守成都。

文輝號令明肅，軍民皆德之。帝嘗稱其謀略威望。遷大都督府同知。五年命帥山東兵從李文忠出應昌。明年移鎭北平。文忠北征，文輝督兵巡居庸關，以疾召還。九年六月卒，年三十六。遣官營葬滁州東沙河上，卹賚甚厚。子環，成都護衞指揮使，征迤北陣歿。

徐司馬，字從政，揚州人。元末兵亂，年九歲，無所依。太祖得之，養爲子，亦賜姓。旣長，出入侍左右。及取婺州，除總制，命助元帥常遇春守婺。吳元年授金華衞指揮同知。洪武元年從副將軍李文忠北征，擒元宗王慶生。〔一〕擢杭州衞指揮使，尋進都指揮使。詔復姓。

九年還鎮河南。時新建北京於汴梁，號重地，帝素賢司馬，特委任之。宋國公馮勝方練兵河南。會有星變，占在大梁。帝使使密敕勝，且曰：「幷以此語馬兒知之。」既復敕二人曰：「天象屢見，大梁軍民錯處，尤宜愼防。今秦、晉二王還京，當嚴兵宿衞。王抵汴時，若宋國公出迓，則都指揮居守；都指揮出迓，則宋國公亦然。」敕書官而不名，倚重與宋公等。十九年入覲，遂擢中軍都督府僉事。二十五年，以左副總兵從藍玉征建昌，討越巂。明年正月還至成都卒。追坐藍玉黨，二子皆獲罪。

司馬好文學，性謙厚，所至撫循士卒，甚得衆心。在河南久，尤有惠政。公暇退居，一室蕭然如寒素。雖戰功不及文輝，而雅量過之，並稱賢將云。

葉旺，六安人。與合肥人馬雲同隸長鎗軍謝再興爲千戶。再興叛，二人自拔歸。數從征，積功並授指揮僉事。洪武四年偕鎮遼東。初，元主北走，其遼陽行省參政劉益屯蓋州，與平章高家奴相爲聲援，保金、復等州。帝遣斷事黃儔齎詔諭益。益籍所部兵馬、錢糧、輿地之數來歸。乃立遼陽指揮使司，以益爲指揮同知。未幾，元平章洪保保、馬彥翬合謀殺益。右丞張良佐、左丞商暠擒彥翬殺之，保保挾儔走納哈出營。良佐因權衞事，以狀聞。

且言：「遼東僻處海隅，肘腋皆敵境。平章高家奴守遼陽山寨，知院哈剌章屯瀋陽古城，開元則右丞也先不花，金山則太尉納哈出，彼此相依，時謀入犯。今保保逃往，釁必起，乞留斷事吳立鎮撫軍民。而以所擒平章八丹、知院僧孺等械送京師。」帝命立、良佐、聶俱爲蓋州衞指揮僉事。既念遼陽重地，復設都指揮使司統轄諸衞，以旺及雲並爲都指揮使往鎮之。已，知儔被殺，納哈出將內犯，敕旺等預爲備。

未幾，納哈出果以衆至，見備禦嚴，不敢攻，越蓋至金州。金州城未完，指揮韋富、王勝等督士卒分守諸門。乃剌吾者，敵驍將也，率精騎數百挑戰城下，中伏弩仆，爲我兵所獲。敵大沮。富等縱兵擊，敵引退，不敢由故道，從蓋城南十里沿柞河遁。旺先以兵扼柞河。自連雲島至窟駝寨十餘里，緣河壘冰爲牆，沃以水，經宿凝沍如城。布釘板沙中，旁設坑穽，伏兵以伺。雲及指揮周鶚、吳立等建大旗城中，嚴兵不動，寂若無人。已，寇至城南，伏四起，兩山旌旗蔽空，矢石雨下。納哈出倉皇趨連雲島，遇冰城，旁走，悉陷於穽，遂大潰。雲自城中出，合兵追擊至將軍山、畢栗河，斬獲及凍死者無算，乘勝追至猪兒峪。納哈出僅以身免。第功，進旺、雲俱都督僉事。時洪武八年也。

十二年命雲征大寧。捷聞，受賞，召還京。後數年卒。旺留鎮如故。會高麗遣使致書及禮物，而龍州鄭白等請內附。旺以聞。帝謂人臣無外交，此間諜之漸，勿輕信，彼特示弱於我，以窺邊釁，還之，使無所藉口。明年，旺復送高麗使者周誼入京。帝以其國中弑逆，又詭殺朝使，反覆不可信，切責旺等絕之，而留誼不遣。十九年召旺爲後軍都督府僉事。居三月，遼東有警，復命還鎮。二十一年三月卒。

旺與雲之鎮遼也，翦荆棘，立軍府，撫輯軍民，墾田萬餘頃，遂爲永利。旺尤久，先後凡十七年。遼人德之。嘉靖初，以二人有功於遼，命有司立祠，春秋祀之。

繆大亨，定遠人。初糾義兵爲元攻濠，不克，元兵潰，大亨獨以衆二萬人與張知院屯横澗山，固守月餘。太祖以計夜襲其營，破之，大亨與子走免。比明，復收散卒，列陣以待。太祖遣其叔貞諭降之，命將所部從征，數有功，擢元帥。總兵取揚州，克之。降青軍元帥張明鑑。

初，明鑑聚衆淮西，以青布爲號，稱「青軍」，又以善長鎗，稱「長鎗軍」。由含山轉掠揚州，元鎮南王孛羅普化招降之，以爲濠、泗義兵元帥。踰年，食盡，謀擁王作亂。王走死淮安，明鑑遂據城，屠居民以食。大亨言於太祖，賊饑困，若掠食四出則難制矣，且驍鷙可用，無爲他人得。太祖命大亨亟攻，明鑑降，得衆數萬、馬二千餘匹，悉送其將校妻子至應天。

改淮海翼元帥府爲江南分樞密院，以大亨爲同僉樞密院事，總制揚州、鎭江。大亨有治略，寬厚不擾，而治軍嚴肅，禁暴除殘，民甚悅之。未幾卒。太祖過鎭江，嘆曰：「繆將軍生平端直，未嘗有過，惜不見矣。」遣使祭其墓。

武德，安豐人。元至正中爲義兵千戶。知元將亡，言於其帥張鑑曰：「吾輩才雄萬夫，今東衄西挫，事勢可知，不如早擇所依。」鑑然其言，相率歸太祖。隸李文忠，從赴池州，力戰，流矢中右股，拔去，戰自若。取於潛、昌化，克嚴州，皆預，進萬戶。苗帥楊完者軍烏龍嶺，德請曰：「此可襲而取也。」文忠問故。對曰：「乘高覘之，其部曲徙舉不安而聲囂。」文忠曰：「善。」卽襲完者，覆其營。取蘭溪，克諸暨，攻紹興，皆先登陷陣，傷右臂不顧。文忠嘆曰：「將士人人如此，何戰不捷哉。」

蔣英、賀仁德之叛，浙東大震。從文忠定金華，又從攻處州，遇仁德於劉山，戈中右股。德引刀斷戈，追擊之。仁德再戰，再敗走，遂爲其下所殺。德還師守嚴。後二年，定官制，改管軍百戶。從文忠破張士誠兵於諸暨，與諸將援浦城，所過山寨皆下。復從文忠下建、延、汀三州，悉定閩溪諸寨，進管軍千戶，移守衢，予世襲。最後從靖海侯吳禎巡海上。禎以德可任，令守平陽。在任八年，致仕。及征雲南，帝以德宿將，命與諸大帥偕行。

張鑑，又名明鑑，淮西人。既歸太祖，每攻伐必與德俱，先德卒。官至江淮行樞密院副使。

蔡遷，〔二〕不詳其鄉里，元末從芝麻李據徐州。李敗，歸太祖，爲先鋒。從渡江，下采石，克太平，取溧水，破蠻子海牙水寨及陳埜先，皆有功。定集慶，授千戶。從徐達取廣德、寧國，遷萬戶。進攻常州，獲黃元帥，遂爲都先鋒。從征馬駄沙，克池州，攻樅陽，從征衢、婺二州，授帳前左翼元帥。敗陳友諒於龍江，進復太平，取安慶水寨，收九江，敗友諒八陣指揮於瑞昌，〔三〕遂克南昌。從援安豐，攻合肥，戰鄱陽，從征武昌，進指揮同知。從常遇春討平鄧克明餘黨，進攻贛州，取南安、南雄諸郡，還兵追饒鼎臣於茶陵，遷龍驤衛同知。從徐達克高郵，破馬港，〔四〕授武德衛指揮使，守淮安，移守黃州。從下湘潭、辰、全、道、永諸州，轉荊州衛指揮。進克廣西，遷廣西行省參政，兼靖江王相，討平諸叛蠻。洪武三年九月卒，詔歸葬京師，贈安遠侯，謚武襄。

遷爲將十五年，未嘗獨任，多從諸將征討。身經數十戰，輒奮勇突出，橫刀左右擊，敵皆披靡不敢近。既還，金瘡滿體，人視之不可堪，而遷略不爲意，爲太祖所愛重。及卒，尤痛惜之，親製文祭焉。

合肥陳文者，南北征伐，累立戰功，亦遷亞也。文少孤，奉母至孝，元季挈家歸太祖，積官都督僉事。卒，追封東海侯，謚孝勇。明臣得謚孝者，文一人而已。

王銘，字子敬，和州人。初隸元帥俞通海麾下，從攻蠻子海牙於采石。以銘驍勇，選充奇兵。戰方合，帥敢死士大譟突之，拔其水寨，自是數有功。與吳軍戰太湖，流矢中右臂，引佩刀出其鏃，復戰。通海勞之。復拔通州之黃橋、鵝項諸寨。賜白金文綺。龍灣之戰，逐北至采石，銘獨突敵陣。敵兵攢槊刺銘，傷頰。銘三出三入，所殺傷過當。賜文綺銀椀，選充宿衞。從取江州，戰康郎山及涇江口，復克英山諸寨，擢管軍百戶。從副將軍常遇春戰湖州之昇山，〔五〕再戰舊館，已，又戰烏鎮。前後數十戰，功多，命守松江。移太倉，捕斬倭寇千餘人，再賜金幣。

洪武四年都試百戶諸善用槍者，率莫能與銘抗。累官至長淮衞指揮僉事，移守溫州。上疏曰：「臣所領鎮，外控島夷，城池樓櫓仍陋襲簡，非獨不足壯國威，猝有風潮之變，捍禦無所，勢須改爲。」帝報可。於是繕城濬濠，悉倍於舊。加築外垣，起海神山屬郭公山，首尾二千餘丈，宏敞壯麗，屹然東浙巨鎮。帝甚嘉之，予世襲。銘嘗請告暫還和州。溫士女遮道送迎。長吏皆相顧歎曰：「吾屬爲天子牧民，民視吾屬去來漠然，愧王指揮多矣。」歷右軍都督僉事。二十六年坐藍玉黨死。

甯正，字正卿，壽州人。幼爲韋德成養子，冒韋姓。元末隨德成來歸，從渡江。德成戰歿宣州，以正領其衆，積功授鳳翔衞指揮副使。從定中原，入元都，招降元將士八千餘人。傅友德自眞定略平定州，以正守眞定。已，從大軍取陝西。馮勝克臨洮，留正守之。大軍圍慶陽，正駐邠州，絕敵聲援。慶陽下，還守臨洮。從鄧愈破定西，克河州。

洪武三年授河州衞指揮使。上言：「西民轉粟餉軍甚勞，而茶布可易粟。請以茶布給軍，令自相貿易，省輓運之苦。」詔從之。正初至衞，城邑空虛，勤於勞徠。不數年，河州遂爲樂土。璽書嘉勞，始復甯姓。兼領寧夏衞事，修築漢、唐舊渠，引河水溉田，開屯數萬頃，兵食饒足。

十三年從沐英北征，擒元平章脫火赤、知院愛足，取全寧四部。十五年遷四川都指揮使，討平松、茂諸州。雲南初定，命正與馮誠共守之。思倫發作亂，正破之於摩沙勒寨，斬首千五百。已，敵衆大集，圍定邊。沐英分兵三隊，正將左軍，鏖戰，大敗之，語在英傳。土酋阿資叛，復從英討降之。英卒，詔授正左都督代鎭。已，復命爲平羌將軍，總川、陝兵討平階、文叛寇張者。二十八年從秦王討平洮州番，還京。明年卒。

又袁義，廬江人，本張姓，德勝族弟也。初爲雙刀趙總管，守安慶，敗趙同僉、丁普郎於沙子港。左君弼招之，弗從。德勝戰死，始來附，爲帳前親軍元帥，賜姓名。數從征伐，積功爲興武衞指揮僉事。從大將軍北征，敗元平章俺普達等於通州，走賀宗哲、詹同於澤、潞，功最。復從定陝西，敗元豫王兵。與諸將合攻慶陽。張良臣兵驟薄義營，義堅壁不爲動，俟其懈，力擊破之。走擴廓軍於定西，南取興元，進本衞同知，調羽林衞，移鎭遼東。已，從沐英征雲南，克普定諸城，留鎭楚雄。蠻人屢叛，義積糧高壘，且守且戰，以功遷楚雄衞指揮使。嘗入朝，帝厚加慰勞。以其老，命醫爲染鬚鬢，俾還任以威遠人，且特賜銀印寵異之。歷二十年，墾田築堰，治城郭橋梁，規畫甚備。軍民德之。建文元年徵還，爲右軍都督府僉事，進同知，卒官。

金興旺，不詳所始。爲威武衞指揮僉事，進同知。洪武元年，大將軍徐達自河南至陝西，請益兵守潼關，以興旺副郭興守之，進指揮使。明年攻臨洮，移興旺守鳳翔，轉軍餉。未幾，賀宗哲攻鳳翔，興旺與知府周煥嬰城守。敵編荆爲大箕，形如半舫。每箕五人，負之攻城，矢石不能入。投藁焚之，輒颺起。乃置鉤藁中，擲著其隙，火遂熾，敵棄箕走。復爲地道薄城，城中以矛迎刺，敵死甚衆，而攻不已。興旺與煥謀曰：「彼謂我援師不至，必不敢出。乘其不意擊之，可敗也。」潛出西北門，奮戰，敵少卻。會百戶王輅自臨洮收李思齊降卒東還，卽以其衆入城共守。敵拔營去，衆欲追之，輅曰：「未敗而退，誘我也。」遣騎偵之，至五里坡，伏果發，還師復圍城。衆議欲走，興旺叱曰：「天子以城畀我，寧可去耶！」以輅所將皆新附，慮生變，乃括城中貲畜積庭中，令曰：「敵少緩，當大犒新兵。」新兵喜，協力固守。相持十五日，敵聞慶陽下，乃引去。帝遣使以金綺勞興旺等。

明年，達入沔州，遣興旺與張龍由鳳翔入連雲棧，合攻興元。守將降，以興旺守之，擢大都督府僉事。蜀將吳友仁帥衆三萬寇興元，興旺悉城中兵三千禦敵。面中流矢，拔矢復戰，斬數百人。敵益衆，乃斂兵入城。友仁決濠塡塹，爲必克計。達聞之，令傅友德夜襲木槽關，攻斗山寨，人持十炬，連亙山上。友仁驚遁。興旺出兵躡之，墜崖石死者無算，友仁自是氣奪。時興旺威鎭隴、蜀。而國初諸都督中，城守功，興旺外尤推費子賢。

子賢，亦不詳所始。從渡江，爲廣德翼元帥，數有功。取武康，又取安吉，築城守之。張士誠兵數來犯，輒敗去。最後張左丞以兵八萬來攻，子賢所部僅三千人，而守甚固。設車弩城上，射殺其梟將二人，敵乃解去。以功進指揮同知。取福建，克元都、定西俱有功，授大都督府僉事，世指揮使。

花茂，巢縣人。初從陳埜先，已而來歸。從定江左，滅陳友諒，平中原、山西、陝西，積功授武昌衞副千戶。征西蜀，克瞿唐關，入重慶，下左、右兩江及田州，進神策衞指揮僉事，調廣州左衞。平陽春、淸遠、英德、翁源、博羅諸山寨叛蠻及東莞、龍川諸縣亂民，進指揮同知。平電白、歸善賊，再遷都指揮同知，世襲指揮使。數剿連州、廣西、湖廣諸猺賊。上言：「廣東南邊大海，姦宄出沒，東莞、筍岡諸縣逋逃蜑戶，附居海島，遇官軍則詭稱捕魚，遇番賊則同爲寇盜，飄忽不常，難於訊詰。不若籍以爲兵，庶便約束。」又請設沿海依山廣海、碣石、神電等二十四衞所，築城浚池，收集海島隱料無籍等軍，仍於山海要害地立堡屯軍，以備不虞，皆報可。進都指揮使。久之卒，賜葬安德門。長子榮襲職。次子英，果毅有父風，亦以軍功爲廣東都指揮使，有聲永樂中。

丁玉，初名國珍，河中人。仕韓林兒爲御史，才辨有時譽。呂珍破安豐，玉來歸。隨征彭蠡，爲九江知府。大兵還建康，彭澤山民叛，玉聚鄉兵討平之。太祖嘉其武略，命兼指揮，更名玉。從傅友德克衡州，以指揮同知鎮其地，復調守永州。玉有文武才，撫輯新附，威望甚著。

洪武元年進都指揮使，尋兼行省參政，鎮廣西。十年召爲右御史大夫。四川威茂土酋董貼里叛，以玉爲平羌將軍討之。至威州，貼里降。承制設威州千戶所。十二年平松州，玉遣指揮高顯等城之，請立軍衞。帝謂松州山多田少，耕種不能贍軍，守之非策。玉言松州爲西羌要地，軍衞不可罷，遂設官築戍如玉議。會四川妖人彭普貴爲亂，焚掠十四州縣，指揮普亮等不能克，命玉移軍討滅之。帝手敕褒美，轉左御史大夫。師還，拜大都督府左都督。十三年坐胡惟庸姻誅。

郭雲，南陽人。長八尺餘，狀貌魁偉。元季聚義兵保裕州泉白寨，〔六〕累官湖廣行省平章政事。元主北奔，河南郡縣皆下，雲獨堅守。大將軍徐達遣指揮曹諒圍之，雲出戰，被執。大將軍呵之跪。雲植立，嫚罵求死。脅以刃，不動。大將軍壯之，縶送京師。太祖奇其狀貌，釋之。時帝方閱漢書，問識字否，對曰：「識。」因以書授之。雲誦其書甚習。帝大喜，厚加賞賜，用爲溧水知縣，有政聲。帝益以爲賢，特擢南陽衞指揮僉事，使還鄉收故部曲，就戍其地，凡數年卒。

長子洪，年甫十三。帝爲下制曰：「雲出田間，倡義旗保鄉曲，崎嶇累年，竭心所事。王師北伐，人神嚮應，而雲數戰不屈，勢窮援絕，終無異志。朕嘉其節概，試之有司，則閭閻頌德，俾鎮故鄉，則軍民樂業。雖無汗馬之勳，倒戈之效，治績克著，忠義凜然。子洪可入開國功臣列，授宣武將軍、飛熊衞親軍指揮使司僉事，世襲。」其同時以降將予世職者有王溥。

溥，安仁人。仕陳友諒爲平章，守建昌。太祖命將攻之，不克。朱亮祖擊於饒之安仁港，亦失利。友諒將李明道之寇信州也，溥弟漢二在軍，俱爲胡大海擒，歸於行省李文忠，文忠命二人招溥。是歲太祖拔江州，友諒走武昌，溥乃遣使降，命仍守建昌。明年，太祖次龍興，帥其衆來見，數慰勞。從歸建康，賜第聚寶門外，號其街曰「宰相街」，以寵異之。尋遣取撫州及江西未附郡縣。從克武昌，進中書右丞。洪武元年命兼詹事府副詹事。從大將軍北征，屢有功。賜文幣，擢河南行省平章，不署事，歲祿視李伯昇、潘元明。

初，溥未仕時，奉母葉氏避兵貴溪，遇亂與母相失，凡十八年，嘗夢母若告以所在。至是從容言於帝，請歸省墳墓。許之，且命禮官具祭物。溥率士卒之貴溪，求不得，晝夜號泣。居人吳海言夫人爲賊逼，投井中死矣。溥求得井，有鼠自井出，投溥懷中，旋復入井。汲井索之，母屍在焉，哀呼不自勝。乃具棺斂，即其地以葬。溥卒，子孫世襲指揮同知。

贊曰：文輝、司馬任寄股肱，葉旺、馬雲效著邊域，大亨以端直見思，郭雲以政績蒙寵。他如蔡遷、王銘、甯正、金興旺輩，或善戰，或善守，或善撫綏，要皆一時良將也。蓋明運初興，人材蔚起，鐵券、丹符之外，其可稱者猶如此。以視詩人兔罝之詠，何多讓哉。

校勘記

〔一〕洪武元年從副將軍李文忠北征擒元宗王慶生　按李文忠等北征克開平，獲元宗王慶生，事在洪武二年六月，見太祖實錄卷四二洪武二年六月己卯條、國榷卷三頁三九二。「元年」當作「二年」。

〔二〕蔡遷　本書卷一〇五功臣世表　太祖實錄卷五五洪武三年八月丙子條、卷五六洪武三年九月丙午條均作「蔡僊」。

〔三〕敗友諒八陣指揮於瑞昌　瑞昌，原作「壽昌」。據太祖實錄卷五六洪武三年九月丙午條改。明史考證攟逸卷四云：「按孫興祖傳載，其爲統軍元帥時破瑞昌八陣營，此云八陣指揮，即其事也。考其時，友諒據有江西、湖廣地，故立營瑞昌以防明兵　此作『壽昌』誤。」

〔四〕破馬港　馬港，本書卷一二五徐達傳作「馬騾港」，明史稿傳二五蔡遷傳作「馬邏港」。

〔五〕從副將軍常遇春戰湖州之昇山　昇山，原作「弁山」，本書卷一二三張士誠傳，卷一二五徐達傳、常遇春傳均作「昇山」。按湖州有昇山，又有弁山（又名卞山），但弁山與進軍路綫不合，作「昇山」是，據改。

〔六〕元季聚義兵保裕州泉白寨　泉白寨，原作「白泉寨」。按太祖實錄卷九〇洪武七年六月「是月」條作「泉白寨」。明一統志卷三〇，南陽府有泉白山，在裕州北四十里。此處白泉二字互倒，今改正。

明史卷一百三十五

列傳第二十三

陳遇 秦從龍　葉兌　范常 潘庭堅　宋思顏 夏煜

郭景祥 李夢庚　王濂　毛騏　楊元杲 阮弘道　汪河　孔克仁

陳遇，字中行，先世曹人。高祖義甫，宋翰林學士，徙居建康，子孫因家焉。遇天資沉粹，篤學博覽，精象數之學。元末爲溫州教授，已而棄官歸隱，學者稱爲靜誠先生。太祖渡江，以秦從龍薦，發書聘之，引伊、呂、諸葛爲喻。遇至，與語大悅，遂留參密議，日見親信。太祖爲吳王，授供奉司丞，辭。卽皇帝位，三授翰林學士，皆辭。乃賜肩輿一乘，衞士十人護出入，以示榮寵。

洪武三年奉命至浙江廉察民隱，還賜金帛。除中書左丞，又辭。明年召對華蓋殿，賜坐，命草平西詔。授禮部侍郎，兼弘文館大學士，復辭。西域進良馬，遇引漢故事以諫。除太常少卿，固辭。强之，不可。最後除禮部尚書，又固辭。帝沉吟良久，從之。自是不復强以官。帝嘗從容言欲官其子，遇曰：「臣三子皆幼，學未成，請俟異日。」帝亦弗强也。

遇自開基之始，即侍帷幄。帝嘗問保國安民至計。遇對以不嗜殺人，薄斂任賢，復先王禮樂爲首務。廷臣或有過被譴責，遇力爲解，多得全釋。其計畫多秘不傳，而寵禮之隆，勳戚大臣無與比者。數臨幸其第，語必稱先生，或呼爲君子。命爵輒辭，終成其高。十七年卒，賜葬鍾山。

子恭，舉人，累官工部尚書，有能聲。遇弟遠，字中復，嘗隨遇侍帝。永樂初，爲翰林待詔，精繪事。遠子孟顒，善書。

秦從龍，字元之，洛陽人。仕元，官江南行臺侍御史。兵亂，避居鎭江。徐達之攻鎭江也，太祖謂之曰：「聞有秦元之者，才器老成，汝當詢訪，致吾欲見意。」達下鎭江，訪得之。太祖命從子文正、甥李文忠奉金綺造其廬聘焉。從龍與妻陳偕來，太祖自迎之於龍江。

時太祖居富民家，因邀從龍與同處，朝夕訪以時事。已，即元御史臺爲府，居從龍西華門外，事無大小悉與之謀。嘗以筆書漆簡，問答甚密，左右皆不能知。從龍生日，太祖與世子厚有贈遺，或親至其家燕飲。至正二十五年冬，從龍子澤死，請告歸。太祖出郊握手送之。尋病卒，年七十，太祖驚悼。時方督軍至鎮江，親臨哭之，厚䘏其家，命有司營葬。

葉兌，字良仲，寧海人。以經濟自負，尤精天文、地理、卜筮之書。元末知天運有歸，以布衣獻書太祖，列一綱三目，言天下大計。時太祖已定寧越，規取張士誠、方國珍，而察罕兵勢甚盛，遣使至金陵招太祖，故兌書於三者籌之爲詳。其略曰：

愚聞取天下者，必有一定之規模。韓信初見高祖，畫楚、漢成敗，孔明臥草廬，與先主論三分形勢者是也。今之規模，宜北絕李察罕，南併張九四，撫溫、台，取閩、越，定都建康，拓地江、廣，進則越兩淮以北征，退則畫長江而自守。夫金陵古稱龍蟠虎踞，帝王之都，藉其兵力資財，以攻則克，以守則固，百察罕能如吾何哉。江之所備，莫急上流。今義師已克江州，足蔽全吳。況自滁、和至廣陵，皆吾所有，非直守江，兼可守淮矣。張氏傾覆可坐而待，淮東諸郡亦將來歸。北略中原，李氏可併也。今聞察罕妄自尊大，致書明公，如曹操之招孫權。竊以元運將終，人心不屬，而察罕欲效操所爲，事勢不侔。宜如魯肅計，鼎足江東，以觀天下之釁，此其大綱也。

至其目有三。張九四之地，南包杭、紹，北跨通、泰，而以平江爲巢穴。今欲攻之，莫若聲言掩取杭、紹、湖、秀，而大兵直擣平江。城固難以驟拔，則以鎖城法困之。〔一〕於城外矢石不到之地別築長圍，分命將卒四面立營，屯田固守，斷其出入之路，分兵略定屬邑，收其稅糧以贍軍中。彼坐守空城，安得不困？平江既下，巢穴已傾，杭、越必歸，餘郡解體，此上計也。

張氏重鎮在紹興。紹興懸隔江海，所以數攻而不克者，以彼糧道在三江斗門也。若一軍攻平江，斷其糧道，一軍攻杭州，絕其援兵，紹興必拔。所攻在蘇、杭，所取在紹興，所謂多方以誤之者也。紹興既拔，杭城勢孤，湖、秀風靡，然後進攻平江，犁其心腹，江北餘孽隨而瓦解，此次計也。

方國珍狼子野心，不可馴狎。往年大兵取婺州，彼即奉書納欵。後遣夏煜、陳顥道招諭，彼復狐疑不從。顧遣使從海道報元，謂江東委之納欵，誘令張昶齎詔而來，且遣韓叔義爲說客，欲說明公奉詔。彼既降我，而反欲招我降元，其反覆狡獪如是。宜興師問罪。然彼以水爲命，一聞兵至，挈家航海，中原步騎無如之何。夫上兵攻心，彼言杭、越一平，即當納土，不過欲欵我師耳。攻之之術，宜限以日期，責其歸順。彼自方國瑋之沒，自知兵不可用，又叔義還稱義師之盛，氣已先挫。今因陳顥道以自通，正可脅之而從也。事宜速不宜緩。宣諭之後，更置官吏，拘集舟艦，潛收其兵權，以消未然之變，三郡可不勞而定。

福建本浙江一道，兵脃城陋。兩浙既平，必圖歸附，下之一辯士力耳。如復稽遲，則大兵自溫、處入，奇兵自海道入，福州必不支，福州下，旁郡迎刃解矣。威聲已震，然後進取兩廣，猶反掌也。

太祖奇其言。欲留用之，力辭去。賜銀幣襲衣。後數歲，削平天下，規模次第略如兌言。

范常，字子權，滁人。太祖軍滁，杖策謁軍門。太祖夙知其名，與語意合，留置幕下，有疑輒問，常悉以實對。諸將克和州，兵不戢。常言於太祖曰：「得一城而使人肝腦塗地，何以成大事？」太祖乃切責諸將，搜軍中所掠婦女，還其家，民大悅。太祖以四方割據，戰爭無虛日，命常爲文，禱於上帝。其辭曰：「今天下紛紜，生民塗炭，不有所屬，物類盡矣。倘元祚未終，則羣雄當早伏其辜，某亦在羣雄中，請自某始。若已厭元德，有天命者宜歸之，無使斯民久阽危苦。存亡之機，驗於三月。」太祖嘉其能達己意，命典文牘，授元帥府都事。取太平，命爲知府，諭之曰：「太平吾股肱郡，其民數困於兵，當令得所。」常以簡易爲治，興學恤民。官廩有穀數千石，請給民乏種者，秋稔輸官，公私皆足。居三年，民親愛之，召入爲侍儀。

洪武元年擢翰林直學士兼太常卿。帝銳意稽古禮文。羣臣集議，間有異同，常能參合衆言，委曲當上意。尋以病免歸。歲餘，手詔徵詣闕，仍故官。帝宴閒，輒命儒臣列坐賦詩爲樂。常每先成，語多率。帝笑曰：「老范詩質樸，殊似其爲人也。」遷起居注。常有足疾，數在告，賜以安車。尋乞歸，帝賦詩四章送之，賜宅於太平。子祖，歷官雲南左參政，有修潔稱。

潘庭堅，字叔聞，當塗人。元末爲富陽教諭，謝去。太祖駐太平，以陶安薦，徵庭堅爲帥府教授，愼密謙約，爲太祖所稱。下集慶，擢中書省博士。婺州下，改爲金華府，以庭堅同知府事。時上游諸郡次第平定，擇儒臣撫綏之，先後用陶安、汪廣洋於江西，而庭堅與王愷守浙東。太祖爲吳王，設翰林院，與安同召爲學士，而庭堅已老，遂告歸。洪武四年復召至，主會試。

子黼，字章甫，有文名，官至江西按察使。會修律令，留爲議律官。書成，卒。黼謹飭類父，而文采淸雅過之。父子皆以鄉校顯，時以爲榮。

宋思顏，不知何許人。太祖克太平，以思顏居幕府。及定集慶，置江南行中書省，太祖總省事，以李善長及思顏爲參議。同時所設省中官李夢庚、郭景祥、侯元善、楊元杲、陶安、阮弘道、孔克仁、王愷、欒鳳、夏煜等數十人，而思顏獨與善長並授參議，其任較諸人爲重。已，建大都督府，以思顏兼參軍事。

太祖嘗視事東閣，天暑，汗沾衣。左右更以衣進，皆數經浣濯者。思顏曰：「主公躬行節儉，眞可示法子孫，惟願終始如一。」太祖嘉其直，賜之幣。他日又進曰：「句容虎爲害，旣捕獲，宜除之，今豢養民間何益？」太祖欣然，卽命殺虎。其隨事納忠類如此。後出爲河南道按察僉事，坐事死。

夏煜，字允中，江寧人。有俊才，工詩，辟爲中書省博士。婺州平，調浙東分省，兩使方國珍，咸稱旨。太祖征陳友諒，儒臣惟劉基與煜侍。鄱陽戰勝，太祖所與草檄賦詩者，煜其一也。洪武元年使總制浙東諸府，與高見賢、楊憲、凌說四人以伺察搏擊爲事，後俱以不良死。

郭景祥，濠人。與鳳陽李夢庚皆從渡江，典文書，佐謀議，分任行中書省左右司郎中。既同調浙東分省，尋復同入爲大都督府參軍。景祥性諒直，博涉書史，遇事敢言，太祖親信之。嘗曰：「景祥文吏，而有折衝禦侮才，能盡忠於我，可大任也。」先是，克滁州、太平、溧陽，以城郭不完，輒命景祥董治之。既而和州守臣言州城久廢，命景祥相度，即故址城之，九旬而工畢。太祖以爲能，授和州總制。景祥益治城隍樓櫓，廣屯田，練士卒，威望肅然。和遂爲重鎭，璽書褒勞。仕終浙江行省參政。

謝再興之守諸全也，部將私販易吳境。太祖怒殺部將，召諭再興，命夢庚往諸全總制軍事。再興還鎭，忿夢庚出己上，遂叛，執夢庚降於吳，夢庚死之。其時，參佐行省者，又有毛騏、王濂。

濂，字習古，定遠人，李善長婦兄也。少嗜學，事親孝。初從汝、潁賊，太祖克集慶，乃渡江來歸。善長爲言，得召見，除執法官，讞獄平允。遷中書省員外郎，出爲浙江按察僉事，治行著聞。大風晝晦，濂應詔言民瘼，請緩征。太祖納之。洪武三年卒。帝謂善長曰：「濂有王佐才，今死，朕失一臂。」後善長坐事，帝歎曰：「使王濂在，必不至是。」

騏，字國祥，與濂同里。太祖自濠引兵趨定遠，騏扶縣令出降。太祖喜，留與飲食，籌兵事，悉當意。取滁州，擢總管府經歷，典倉廩，兼掌晨昏曆，稽將帥之失伍者。從渡江，擢行省郎中。是時太祖左右，惟善長及騏，文書機密，皆兩人協贊。尋授參議官。征婺州，命權理中書省事，委以心膂。俄病卒，太祖親爲文哭之，臨視其葬。

子驤，管軍千戶，積功擢親軍指揮僉事。從定中原，進指揮使。滕州段士雄反，驤討平之。捕倭浙東，斬獲多，擢都督僉事，見親任，嘗掌錦衣衛事，典詔獄。後坐胡惟庸黨死。

楊元杲、阮弘道，皆滁人，家世皆儒者。從渡江，同爲行省左右司員外郎，與陶安等更番掌行機宜文字。元杲以郎中擢理軍儲於金華，而弘道亦於是歲以郎中從大都督文正守南昌，皆有功。二人皆於太祖最故，又皆儒雅嗜文學，練達政體，而元杲知慮尤周密。帝嘗曰：「文臣從渡江，掌簿書文字，勤勞十餘年，無如楊元杲、阮弘道、李夢庚、侯元善、樊景昭者。」其後，元杲歷應天府尹，弘道歷福建、江西行省參政，皆卒官。

元杲子賁，博學强記，以詞翰知名，薦授大名知縣，仕至周府紀善。

元善，全椒人　歷官參知政事，與樊景昭俱無所表見。

又汪河者，舒城人，嘗師余闕，以文章名。從渡江，爲行中書省掾，數陳時務。太祖高其才，進大都督府都事。使察罕，議論稱旨。後奉命偕錢楨至河南，報擴廓聘，爲所留。太祖前後七致擴廓書，終不報。洪武元年，大軍下河、洛，擴廓走定西，河始得歸，被拘凡六年。帝甚嘉之，進吏部侍郎，備陳西征方略。二年改御史臺侍御史。九年拜晉王左相，親御便殿諭遣之。居數歲，卒於官。

孔克仁，句容人。由行省都事進郎中。嘗偕宋濂侍太祖，太祖數與論天下形勢及前代興亡事。陳友諒既滅，太祖志圖中原，謂克仁曰：「元運既隳，豪傑互爭，其釁可乘。吾欲督兩淮、江南諸郡之民，及時耕種，加以訓練，兵農兼資，進取退守。仍於兩淮間饋運可通之處，儲糧以俟。兵食既足，中原可圖，卿以爲何如？」克仁對曰：「積糧訓兵，觀釁待時，此長策也。」當是時，江左兵勢日盛，太祖以漢高自期，嘗謂克仁曰：「秦政暴虐，漢高帝起布衣，以寬大馭羣雄，遂爲天下主。今羣雄蠭起，皆不知修法度以明軍政，此其所以無成也。」因感歎久之。又曰：「天下用兵，河北有孛羅帖木兒，河南有擴廓帖木兒，關中有李思齊、張良弼。然有兵而無紀律者河北也，稍有紀律而兵不振者河南也，道途不通、餽餉不繼者關中也。江南則惟我與張士誠耳。士誠多奸謀，尚間諜，御衆無紀律。我以數十萬衆，修軍政，任將帥，相時而動，其勢有不足平者。」克仁頓首曰：「主上神武，當定天下於一矣。」

嘗閱漢書，濂與克仁侍。太祖曰：「漢治道不純者何？」克仁對曰：「王霸雜故也。」太祖曰：「誰執其咎？」克仁曰：「責在高祖。」太祖曰：「高祖創業，遭秦滅學，民憔悴甫蘇，禮樂之事固所未講。孝文爲令主，正當制禮作樂，以復三代之舊，乃逡巡未遑，使漢業終於如是。帝王之道，貴不違時。三代之王有其時而能爲之，漢文有其時而不爲，周世宗則無其時而爲之者也。」又嘗問克仁：「漢高起徒步爲萬乘主，所操何道？」克仁對曰：「知人善任使。」太祖曰：「項羽南面稱孤，仁義不施，而自矜功伐。高祖知其然，承以柔遜，濟以寬仁，卒以勝之。今豪傑非一，我守江左，任賢撫民，以觀天下之變，若徒與角力，則猝難定也。」

及徐達等下淮東、西，又謂克仁曰：「壬辰之亂，生民塗炭。中原諸將，孛羅擁兵犯闕，亂倫干紀，行已夷滅。擴廓挾太子以稱戈，急私讎，無敵愾之志。思齊輩碌碌，竊據一方，民受其害。士誠外假元名，反覆兩端。明玉珍父子據蜀僭號，喜於自用而無遠謀。觀其所爲，皆不能有成。予揆天時，審人事，有可定之機。今師西出襄、樊，東踰淮、泗，首尾相應，擊之必勝，大事可成，天下不難定。旣定之後，生息猶難，方勞思慮耳。」克仁侍帷幄最久，故獲聞太祖謀略居多。洪武二年四月命克仁等授諸子經，功臣子弟亦令入學。已，出知江州，入爲參議，坐事死。

贊曰：太祖起布衣，經營天下。渡江以來，規模宏遠，聲教風馳。雖曰天授，抑亦左右丞弼多國士之助歟。陳遇見禮不下劉基，而超然利祿之外。葉兌於天下大計，籌之審矣，亦能抗節肥遯，其高致均非人所易及。孔克仁無可稱述，以太祖之雄謀大略具其事中，故敍列於篇。

校勘記

〔一〕以鎖城法困之　鎖城法，原作「銷城法」。按「鎖城法」與下文「別作長圍」，「斷其出入之路」相應，據明史稿傳一二一葉兌傳改。

明史卷一百三十六

列傳第二十四

陶安 錢用壬 詹同 朱升 崔亮 牛諒 答祿與權 張籌 朱夢炎 劉仲質 陶凱 曾魯 任昂 李原名 樂韶鳳

陶安，字主敬，當塗人。少敏悟，博涉經史，尤長於易。元至正初，舉江浙鄉試，〔一〕授明道書院山長，避亂家居。太祖取太平，安與耆儒李習率父老出迎。太祖召與語。安進曰：「海內鼎沸，豪傑並爭，然其意在子女玉帛，非有撥亂救民安天下心。明公渡江，神武不殺，人心悅服，應天順人，以行弔伐，天下不足平也。」太祖問曰：「吾欲取金陵何如？」安曰：「金陵古帝王都，取而有之，撫形勝以臨四方，何向不克？」太祖曰：「善。」留參幕府，授左司員外郎，以習爲太平知府。習字伯羽，年八十餘矣，卒於官。

安從克集慶，進郎中。及聘劉基、宋濂、章溢、葉琛至，太祖問安：「四人者何如？」對曰

「臣謀略不如基，學問不如濂，治民之才不如溢、琛。」太祖多其能讓。黃州初下，思得重臣鎮之，無逾安者，遂命知黃州。寬租省徭，民以樂業。坐事謫知桐城，移知饒州。陳友定兵攻城。安召吏民諭以順逆，嬰城固守。援兵至，敗去。諸將欲盡戮民之從寇者，安不可。太祖賜詩褒美。州民建生祠事之。

吳元年，初置翰林院，首召安爲學士。時徵諸儒議禮，命安爲總裁官。尋與李善長、劉基、周禎、滕毅、錢用壬等刪定律令。洪武元年命知制誥兼修國史。帝嘗御東閣，與安及章溢等論前代興亡本末。安言喪亂之源，由於驕侈。帝曰：「居高位者易驕，處佚樂者易侈。驕則善言不入，而過不聞。侈則善道不立，而行不顧。如此者，未有不亡。卿言甚當。」又論學術。安曰：「道不明，邪說害之也。」帝曰：「邪說害道，猶美味之悅口，美色之眩目。邪說不去，則正道不興，天下何從治？」安頓首曰：「陛下所言，可謂深探其本矣。」安事帝十餘歲，視諸儒最舊。及官侍從，寵愈渥。御製門帖子賜之曰：「國朝謀略無雙士，翰苑文章第一家。」時人榮之。御史或言安隱過。帝詰曰：「安寧有此，且若何從知？」曰：「聞之道路。」帝大怒，立黜之。

洪武元年四月，江西行省參政闕，帝以命安，諭之曰：「朕渡江，卿首謁軍門，敷陳王道。及參幕府，裨益良多。繼入翰林，益聞讜論。江西上游地，撫綏莫如卿。」安辭。帝不許。

至任，政績益著。其年九月卒於官。疾劇，草上時務十二事。帝親爲文以祭，追封姑孰郡公。

子晟，洪武中爲浙江按察使，以貪賄誅。其兄昱亦坐死，發家屬四十餘人爲軍。後死亡且盡，所司復至晟家勾補。安繼妻陳詣闕訴，帝念安功，除其籍。

初，安之裁定諸禮也，廣德錢用壬亦多所論建。

用壬，字成夫，元南榜進士第一，授翰林編修。出使張士誠，留之，授以官。大軍下淮、揚，來歸。累官御史臺經歷，預定律令。尋與陶安等博議郊廟、社稷諸儀。其議釋奠、耤田，皆援據經文及漢、魏以來故事以定其制，詔報可，語詳禮志。洪武元年分建六部官，拜用壬禮部尚書。凡禮儀、祭祀、宴享、貢舉諸政，皆專屬禮官。又詔與儒臣議定乘輿以下冠服諸式。時儒生多習古義，而用壬考証尤詳確，然其後諸典禮亦多有更定云。其年十二月，請告歸。

詹同，字同文，初名書，婺源人。幼穎異，學士虞集見之曰「才子也」，以其弟槃女妻之。

至正中，舉茂才異等，除郴州學正。遇亂，家黃州，仕陳友諒爲翰林學士承旨。太祖下武昌，召爲國子博士，賜名同。時功臣子弟敎習內府，諸博士治一經，不盡通貫。同學識淹博，講易、春秋最善。應敎爲文，才思泉湧，一時莫與並。遷考功郎中，直起居注。會議祫禘禮，同議當，遂用之。洪武元年與侍御史文原吉、起居注魏觀等循行天下，訪求賢才。還進翰林直學士，遷侍讀學士。

帝御下峻，御史中丞劉基曰：「古者公卿有罪，盤水加劍，詣請室自裁，所以勵廉恥，存國體也。」同時侍側，遂取戴記及賈誼疏以進，復剴切言之。帝嘗與侍臣言聲色之害甚於鴆毒，創業之君爲子孫所承式，尤不可不謹。同因舉成湯不邇聲色，垂裕後昆以對。其因事納忠如此。

四年進吏部尚書。六年兼學士承旨，與學士樂韶鳳定釋奠先師樂章。又以渡江以來，征討平定之蹟，禮樂治道之詳，雖有紀載，尙未成書，請編日曆。帝從之，命同與宋濂爲總裁官，吳伯宗等爲纂修官。七年五月書成，自起兵臨濠至洪武六年，共一百卷。同等又言，日曆秘天府，人不得見，請仿唐貞觀政要，分輯聖政，宣示天下。帝從之。乃分四十類，凡五卷，名曰皇明寶訓。嗣後凡有政蹟，史官日記錄之，隨類增入焉。是年賜敕致仕，語極褒美。未行，帝復命與濂議大祀分獻禮。久之，起承旨，卒。

同以文章結主知，應制占對，靡勿敏贍。帝嘗言文章宜明白顯易，通道術，達時務，無取浮薄。同所爲多稱旨，而操行尤耿介，故至老眷注不衰。

子徽，字資善，洪武十五年舉秀才。官至太子少保兼吏部尚書。有才智，剛決不可犯，勤於治事，爲帝所獎任。然性險刻。李善長之死，徽有力焉。藍玉下獄，語連徽及子尚寶丞紱，並坐誅。

同從孫希原，爲中書舍人，善大書。宮殿城門題額，往往皆希原筆也。

朱升，字允升，休寧人。元末舉鄉薦，爲池州學正，講授有法。蘄、黃盜起，棄官隱石門。數避兵逋竄，卒未嘗一日廢學。太祖下徽州，以鄧愈薦，召問時務。對曰：「高築牆，廣積糧，緩稱王。」太祖善之。吳元年授侍講學士，知制誥，同修國史。以年老，特免朝謁。洪武元年進翰林學士，定宗廟時享齋戒之禮。尋命與諸儒修女誡，采古賢后妃事可法者編上之。大封功臣，制詞多升撰，時稱典核。踰年，請老歸，卒年七十二。

升自幼力學，至老不倦。尤邃經學。所作諸經旁注，辭約義精。學者稱楓林先生。子同官禮部侍郎，坐事死。

崔亮，字宗明，藁城人。元浙江行省掾。明師至舊館，亮降，授中書省禮曹主事。遷濟南知府。以母憂歸。洪武元年冬，禮部尚書錢用壬請告去，起亮代之。初，亮居禮曹時，卽位、大祀諸禮皆其所條畫，丞相善長上之朝，由是知名。及爲尚書，一切禮制用壬先所議行者，亮皆援引故實，以定其議。考證詳確，逾於用壬。

二年，議上仁祖陵曰英陵，復請行祭告禮。太常博士孫吾與以漢、唐未有行者，駁之。亮曰：「漢光武加先陵曰昌，宋太祖亦加高祖陵曰欽，曾祖陵曰康，祖陵曰定，考陵曰安，蓋創業之君尊其祖考，則亦尊崇其陵。旣尊其陵，自應祭告，禮固緣人情而起者也。」廷議是亮。頃之，亮言：「禮運曰『禮行於郊，則百神受職。』今宜增天下神祇壇於圜丘之東，方澤之西。」又言：「郊特牲『器用陶匏』，周禮疏『外祀用瓦』，今祭祀用瓷，與古意合。而槃盂之屬，與古尚異，宜皆易以瓷，惟籩用竹。」又請大祀前七日，陪祀官詣中書受誓戒，戒辭如唐禮。又依周禮定五祀及四時薦新、祼禮、圭瓚、鬱鬯之制，幷言旗纛月朔望致祭，煩而瀆，宜止行於當祭之月。皆允行。帝嘗謂亮：「先賢有言『見其生不忍見其死，聞其聲不忍食其肉。』今祭祀省牲於神壇甚邇，心殊未安。」亮乃奏考古省牲之儀，遠神壇二百步。帝大喜。

帝慮郊社諸祭，壇而不屋，或驟雨沾服。亮引宋祥符九年南郊遇雨，於太尉廳望祭，及元經世大典壇垣內外建屋避風雨故事，奏之。遂詔建殿於壇南，遇雨則望祭。而靈星諸祠亦皆因亮言建壇屋焉。時仁祖已配南北郊，而郊祀禮成後，復詣太廟恭謝。亮言宜罷，惟先祭三日，詣太廟以配享告。詔可。帝以日中有黑子，疑祭天不順所致，欲增郊壇從祀之神。亮執奏漢、唐煩瀆，不宜取法，乃止。

帝一日問亮曰：「朕郊祀天地，拜位正中，而百官朝參則班列東西，何也？」亮對曰：「天子祭天，升自午陛，北向，答陽之義也。祭社，升自子陛，南向，答陰之義也。若羣臣朝參，當避君上之尊，故升降皆由卯陛，朝班分列東西，以避馳道，其義不同。」亮倉卒占對，必傅經義，多此類。

自郊廟祭祀外，朝賀山呼、百司箋奏、上下冠服、殿上坐墩諸儀及大射軍禮，皆亮所酌定。惟言大祀帝親省牲，中祀、小祀之牲當遣官代，帝命親祭者皆親省。又請依唐制，令郡國奏祥瑞。帝以災異所係尤重，命有司驛聞，與亮議異焉。三年九月卒於官。其後牛諒、答祿與權、張籌、朱夢炎、劉仲質之屬，亦各有所論建。

牛諒，字士良，東平人。洪武元年舉秀才，爲典簿。與張以寧使安南還，稱旨，三遷至禮部尚書。更定釋奠及大祀分獻禮，與詹同等議省牲、冠服。御史答祿與權請祀三皇。太祖下其議禮官，併命考歷代帝王有功德者廟祀之。七年正月，諒奏三皇立廟京師，春秋致祭，漢、唐以下，就陵立廟。帝爲更定行之，亦詳禮志。是年怠職，降主事。未幾，復官，後仍以不任職罷。諒著述甚多，爲世傳誦。

答祿與權，字道夫，蒙古人。仕元爲河南北道廉訪司僉事。[三]入明，寓河南永寧。洪武六年用薦授秦府紀善，改御史。請重刊律令。盱眙民進瑞麥，與權請薦宗廟。帝曰：「以瑞麥爲朕德所致，朕不敢當，其必歸之祖宗。御史言是也。」明年出爲廣西按察僉事。未行，復爲御史。上書請祀三皇。下禮官議，遂幷建帝王廟。且遣使者巡視歷代諸陵寢，設守陵戶二人，三年一祭，其制皆由此始。又請行禘禮，議格不行。改翰林修撰，坐事降典籍，尋進應奉。十一年以年老致仕。禘禮至嘉靖中始定。

張籌，字惟中，無錫人。父翼，嘗勸張士誠將莫天佑降，復請於平章胡美勿僇降人，城中人得完。以詹同薦，授翰林應奉，改禮部主事。奉詔與尚書陶凱編集漢、唐以來藩王事蹟爲昭鑑錄。洪武九年由員外郎進尚書，與學士宋濂定諸王妃喪服之制。籌記誦淹博，在禮曹久，諳於歷代禮文沿革。然頗善附會。初，陶安等定圜丘、方澤、宗廟、社稷諸儀，行數年矣。洪武九年，籌爲尚書，乃更議合社稷爲一壇，罷勾龍、棄配位，奉仁祖配饗，以明祖社尊而親之之道，遂以社稷與郊廟祀並列上祀。識者竊非之。已，出爲湖廣參政。十年坐事罰輸作。十二年仍起禮部員外郎。後復官，以事免。

朱夢炎，字仲雅，進賢人。元進士，爲金谿丞。太祖召居賓館，命與熊鼎集古事爲質直語，教公卿子弟，名曰公子書。洪武十一年，自禮部侍郎進尚書。帝方稽古右文，夢炎援古証今，剖析源流，如指諸掌，文章詳雅有根據。帝甚重之。卒於官。

劉仲質，字文質，分宜人。洪武初，以宜春訓導薦入京，擢翰林典籍，奉命校正春秋本末。十五年拜禮部尚書，命與儒臣定釋奠禮，頒行天下學校，每歲春秋仲月通祀孔子如儀。時國子學新成，帝將行釋菜。侍臣有言，孔子雖聖，人臣也，禮宜一奠再拜。帝曰：「昔周太祖如孔子廟，左右謂不宜拜。周太祖曰：『孔子百世帝王師，何敢不拜。』今朕有天下，敬禮百神，於先師禮宜加崇。」乃命仲質詳議。仲質請帝服皮弁執圭，詣先師位前再拜，獻爵，又再拜，退易服，乃詣彝倫堂命講，庶典禮隆重。詔曰「可」。又立學規十二條，合欽定九條，頒賜師生。已，復奉命頒劉向說苑、新序於學校，令生員講讀。是年冬改華蓋殿大學士，帝爲親製誥文。坐事貶御史，後以老致仕。仲質爲人厚重篤實，博通經史，文體典確，常當帝意焉。

陶凱，字中立，臨海人。領至正鄉薦，除永豐教諭，不就。洪武初，以薦徵入，同修元史。書成，授翰林應奉，教習大本堂，授楚王經。三年七月與崔亮並爲禮部尙書，各有敷奏。軍禮及品官墳塋之制，凱議也。其年，亮卒，凱獨任，定科舉式。明年會試，以凱充主考官，取吳伯宗等百二十人程文進御，凱序其首簡，遂爲定例。帝嘗諭凱曰：「事死如事生，朕養已不逮，宜盡追遠之道。」凱以太廟已有常祀，乃請於乾淸宮左，別建奉先殿以奉神御。明奉先殿之制自此始。

五年，凱言：「漢、唐、宋時皆有會要，紀載時政。今起居注雖設，其諸司所領諭旨及奏事簿籍，宜依會要，編類爲書，庶可以垂法後世。下臺省府者，宜各置銅櫃藏之，以備稽考，俾無遺闕。」從之。明年二月出爲湖廣參政。致仕。八年起爲國子祭酒。明年改晉王府左相。

凱博學，工詩文。帝嘗厭前代樂章多諛辭，或未雅馴，命凱與詹同更撰，甚稱旨。長至侍齋宮，言宜有篇什以紀慶成。遂命凱首唱，諸臣俱和，而宋濂爲之序。其後扈行陪祀，有所獻，帝輒稱善。一時詔令、封册、歌頌、碑誌多出其手云。凱嘗自號耐久道人。帝聞而惡之。坐在禮部時、朝使往高麗、主客曹誤用符驗，論死。

曾魯，字得之，新淦人。年七歲，能暗誦五經，一字不遺。稍長，博通古今。凡數千年國體人才，制度沿革，無不能言者。以文學聞於時。元至正中，魯帥里中豪，集少壯保鄉曲。數具牛酒，爲開陳順逆。衆皆遵約束，無敢爲非義者。人號其里曰君子鄉。

洪武初，修元史，召魯爲總裁官。史成，賜金帛，以魯居首。〔三〕乞還山，會編類禮書，復留之。時議禮者蜂起。魯衆中揚言曰：「某禮宜據某說則是，從某說則非。」有辨詰者，必歷舉傳記以告。尋授禮部主事。開平王常遇春薨，高麗遣使來祭。魯索其文視之，外襲金龍黃帕，文不署洪武年號。魯讓曰：「龍帕誤耳，納貢稱藩而不奉正朔，於義何居？」使者謝過，卽令易去。安南陳叔明篡立，懼討，遣使入貢以覘朝廷意。主客曹已受其表，魯取副封視之，白尚書詰使者曰：「前王日煃，今何驟更名？」使者不敢諱，具言其實。帝曰：「島夷乃狡獪如此耶！」卻其貢。由是器重魯。

五年二月，帝問丞相：「魯何官？」對曰：「主事耳。」卽日超六階，拜中順大夫、禮部侍郎。魯以順字犯其父諱辭，就朝請下階。吏部持典制，不之許。戍將捕獲倭人，帝命歸之。儒臣草詔，上閱魯藁大悅曰：「頃陶凱文已起人意，魯復如此，文運其昌乎！」未幾，命主京畿鄉試。甘露降鍾山，羣臣以詩賦獻，帝獨褒魯。是年十二月引疾歸，道卒。淳安徐尊生嘗曰：「南京有博學士二人，以筆爲舌者宋景濂，以舌爲筆者曾得之也。」魯屬文不留藁，其徒間有所輯錄，亦未成書云。

洪武中，禮部侍郎二十餘人，其知名者，自曾魯外，有劉崧、秦約、陳思道、張衡數人。崧自有傳。

約，崇明人，字文仲。博學，工辭章。洪武初，以文學舉，召試愼獨箴，約文第一，立擢禮部侍郎。母老乞歸。已，復召入陳三事，皆切直，仍乞歸，卒。

思道，山陰人，字執中。以進士授刑部主事。帝賞其執法，超拜兵部侍郎，益勵風節，人莫敢干以私。改禮部，乞歸。居家不殖生產，守令造門不得見。久之，卒。

衡事別載。

任昂，字伯顒，河陰人。元末舉進士，除知寧晉縣，不赴。洪武初，薦起爲襄垣訓導，擢御史。十五年拜禮部尚書。帝加意太學，罷祭酒李敬、吳顒，命昂增定監規八條。遂以曹國公李文忠、大學士宋訥兼領國子監事。會司諫關賢上言：「邇來郡邑所司非人，師道不立，歲選士多缺；甚至俊秀生員，點充承差，乖朝廷育賢意。」昂乃奏定天下歲貢士從翰林院考試，以爲殿最。明年，命科舉與薦舉並行。昂條上科場成式，視前加詳，取士制始定。廣東都指揮狄崇、王臻以妾爲繼室乞封。下廷議，昂持不可。從之。遂命昂及翰林院定嫡妾封贈例，因詔偕吏部定文官封贈例十一，廕敍例五，頒示中外。

尋請更定冕服之制，及朝參坐次。又奏毀天下淫祠，正祀典稱號。「蜀祀秦守李冰，附以漢守文翁、宋守張詠，密縣祀太傅卓茂，鈞州祀丞相黃霸，彭澤祀丞相狄仁傑，皆遺愛在民。李龍遷祀於隆州，謝夷甫祀於福州，皆爲民捍患。吳丞相陸遜以勞定國，宜祀於吳，以子抗、從子凱配。元總管李黼立祀江州，元帥余闕立廟安慶，皆以死勤事。從闕守皖，全家殉義者，有萬戶李宗可，宜配享闕廟。」皆報可。明年命以鄉飲酒禮頒天下，復令制大成樂器，分頒學宮。是時，以八事考課外吏，及次第雲南功賞，事不隸禮部，帝皆令昂主其議。尋予告歸。

李原名，字資善，安州人。洪武十五年以通經儒士舉爲御史。二十年使平緬歸，言：「思倫發懷詐窺伺，宜嚴邊備。靖江王以大理印行令旨，非法，爲遠人所輕。」稱旨，擢禮部尚書。自是遠方之事多咨之。高麗奏遼東文、高、和、定州皆其國舊壤，乞就鐵嶺屯戍。原名言：「數州皆入元版圖，屬於遼，高麗地以鴨綠江爲界。今鐵嶺已置衞，不宜復有陳請。」帝命諭其國守分土，無生釁。安南歲貢方物，帝念其勞民，原名以帝意諭之，令三年一貢，自是爲定制。又以帝命行養老之政，申明府州縣歲貢多寡之數，定官民巾服之式，皆著爲令。

初，以答祿與權言，建歷代帝王廟，至是原名請以風后、力牧等三十六人侑享。帝去趙普、安童、阿术而增陳平、馮異、潘美、木華黎，餘悉如原名奏。魯王薨，定喪服之制。進士王希曾請喪出母，原名謂非禮，宜禁。凡郊祀、宗廟、社稷、嶽瀆諸制，先後儒臣論定，時有詳略，帝悉令原名更正之。諸禮臣惟原名在任久。二十三年以老致仕。

樂韶鳳，字舜儀，全椒人。博學能文章。謁太祖於和陽，從渡江，參軍事。洪武三年授起居注，數遷。六年拜兵部尚書，與中書省、御史臺、都督府定教練軍士法。改侍講學士，與承旨詹同正釋奠先師樂章，編集大明日曆。七年，帝以祭祀駕還，應用樂舞前導，命韶鳳等撰詞，因撰神降祥、神貺惠、酣酒、色荒、禽荒諸曲以進，凡三十九章，曰回鑾樂歌，皆寓規諫。禮部具樂舞圖以上，命太常肄習之。

明年，帝以舊韻出江左，多失正，命與廷臣參考中原雅音正之。書成，名洪武正韻。又命考陵寢朔望祭祀及登壇脫舄諸禮儀，皆詳稽故實，俱從之。尋病免，未幾，復起爲祭酒。奉詔定皇太子與諸王往復書劄禮，考據精詳，屢被褒答。十三年致仕歸，以壽終。弟暉、禮、毅，皆知名。

贊曰：明初之議禮也，宋濂方家居，諸儀率多陶安裁定。大祀禮專用安議，其餘參彙諸說，從其所長：祫禘用詹同，時享用朱升，釋奠、耕耤用錢用壬，五祀用崔亮，朝會用劉基，祝祭用魏觀，軍禮用陶凱。皆能援據經義，酌古準今，郁然成一代休明之治。雖折中斷制，裁自上心，諸臣之功亦曷可少哉。

校勘記

〔一〕元至正初舉江浙鄉試　江浙，原作「浙江」，據明史稿傳一九陶安傳改。按元史卷六二地理志有「江浙等處行中書省」，作「江浙」是。下文崔亮傳「元浙江行省掾」，「浙江」也當作「江浙」。

〔二〕仕元爲河南北道廉訪司僉事　司，原作「使」，據太祖實錄卷一一七洪武十一年三月甲戌條改。

〔三〕召魯爲總裁官史成賜金帛以魯居首　按太祖實錄卷三七洪武二年二月丙寅條，詔修元史，以宋濂、王禕爲總裁，曾魯任纂修，非總裁。又卷四三洪武二年八月癸酉條，元史成，賞汪克寬等一十六人白金各三十二兩，文綺帛各四匹，總裁官宋濂等倍之。不是「以魯居首」。

明史卷一百三十七

列傳第二十五

劉三吾，茶陵人。初名如孫，以字行。兄耕孫、燾孫皆仕元。耕孫，寧國路推官，死長槍賊難。燾孫，常寧州學正，死僚寇。三吾避兵廣西，行省承制授靜江路儒學副提舉。〔一〕明兵下廣西，乃歸茶陵。

洪武十八年以茹瑺薦召至，年七十三矣，奏對稱旨，授左贊善，累遷翰林學士。時天下初平，典章闕略。帝銳意制作，宿儒凋謝，得三吾晚，悅之。一切禮制及三場取士法多所刊定。三吾博學善屬文。帝製大誥及洪範注成，皆命爲序。敕修省躬錄、書傳會選、寰宇通志、禮制集要諸書，皆總其事，賜賚甚厚。帝嘗曰：「朕觀奎壁間嘗有黑氣，今消矣，文運其興乎。卿等宜有所述作，以稱朕意。」帝製詩，時令屬和，嘗賜以朝鮮玳瑁筆。朝參，命列侍衛前。燕享，賜坐殿中。與汪叡、朱善稱「三老」。既而三吾年日益老，才力日益減，往往忤意，禮遇亦漸輕。二十三年授晉世子經，吏部侍郎侯庸劾其怠職。降國子博士，〔二〕尋還職。

三吾爲人慷慨，不設城府，自號坦坦翁。至臨大節，屹乎不可奪。懿文太子薨，帝御東閣門，召對羣臣，慟哭。三吾進曰：「皇孫世嫡承統，禮也。」太孫之立由此。戶部尙書趙勉者，三吾壻也，坐贓死。三吾引退。許之。未幾，復爲學士。三十年偕紀善白信蹈等主考會試。榜發，泰和宋琮第一，〔三〕北士無預者。於是諸生言三吾等南人，私其鄉。帝怒，命侍講張信等覆閱，不稱旨。或言信等故以陋卷呈，三吾等實屬之。帝益怒，信蹈等論死，三吾以老戍邊，琮亦遣戍。帝親賜策問，更擢六十一人，皆北士，時謂之「南北榜」，又曰「春夏榜」云。建文初，三吾召還，久之卒。

琮起刑部檢校。鄉人楊士奇輩貴顯，琮無所攀援。宣德中猶以檢討掌助教事，卒官。

汪叡，字仲魯，婺源人。元末與弟同集衆保鄉邑，助復饒州，授浮梁州同知，不就。胡大海克休寧，叡兄弟來附，設星源翼分院於婺源，以同爲院判。叡歸田里。庚子秋，同將兵爭鄱陽，不克，棄妻孥，亡之浙西。幕府疑之，檄叡入應天爲質。已，聞同爲張士誠所殺，乃授叡安慶稅令。未幾，徵參贊川蜀軍事，以疾辭去。洪武十七年復召見，命講西伯戡黎篇，授左春坊左司直。常命續薰風自南來詩及他應制，皆稱旨。請春夏停決死罪，體天地生物之仁。從之。踰年，疾作，請假歸。叡敦實閒靜，不妄言笑，及進講，遇事輒言。帝嘗以「善人」呼之。

朱善，字備萬，豐城人。九歲通經史大義，能屬文。元末兵亂，隱山中，事繼母以孝聞。洪武初，爲南昌教授。八年，廷對第一，授修撰。踰年，奏對失旨，改典籍，放還鄉。復召爲翰林待詔。上疏論婚姻律曰：「民間姑舅及兩姨子女，法不得爲婚。讐家詆訟，或已聘見絕，或既婚復離，甚至兒女成行，有司逼奪。按舊律，尊長卑幼相與爲婚者有禁。蓋謂母之姊妹，與己之身，是爲姑舅兩姨，不可以卑幼上匹尊屬。若姑舅兩姨子女，無尊卑之嫌。成周時，王朝相與爲婚者，不過齊、宋、陳、杞，故稱異姓大國曰伯舅，小國曰叔舅。列國齊、宋、魯、秦、晉亦各自爲甥舅之國。後世，晉王、謝，唐崔、盧，潘、楊之睦，朱、陳之好，皆世爲婚嫌。溫嶠以舅子娶姑女，呂滎公夫人張氏卽其母申國夫人姊女。古人如此甚多，願下羣臣議，弛其禁。」帝許之。十八年擢文淵閣大學士。嘗講家人卦、心箴，帝大悅。未幾，請告歸。卒年七十二。著有詩經解頤、史輯傳於世。正德中，謚文恪。

安然，祥符人，徙居潁州。〔四〕元季以左丞守萊州。明兵下山東，率衆歸附。累官山東參政。撫綏流移，俸餘悉給公用，帝聞而嘉之。洪武二年召爲工部尚書，出爲河南參政，歷浙江布政使，入爲御史臺右大夫。十三年改左中丞，坐事免。未幾，召爲四輔官。

先是，胡惟庸謀反伏誅，帝以歷代丞相多擅權，遂罷中書省，分其職於六部。既又念密勿論思不可無人，乃建四輔官，以四時爲號，詔天下舉賢才。戶部尚書范敏薦耆儒王本、杜佑、龔斅、杜斅、趙民望、吳源等。召至，告於太廟，以本、佑、龔斅爲春官，杜斅、民望、源爲夏官，秋、冬闕，命本等攝之。位都督次，屢賜敕諭，隆以坐論之禮，命協贊政事，均調四時。會立冬，朔風釀寒。帝以爲順冬令，乃本等功，賜敕嘉勉。又月分三旬，人各司之，以雨暘時若，驗其稱職與否。刑官議獄，四輔及諫院覆覈奏行，有疑讞，四輔官封駁。居無何，斅等四人相繼致仕，召然代之。本後坐事誅。諸人皆老儒，起田家，惇朴無他長。獨然久歷中外，練達庶務，眷注特隆。十四年八月卒。帝念然來歸之誠，親製文祭之。繼然爲四輔者，李幹、何顯周。幹出爲知府，佑、顯周俱罷去，是官遂廢不復設。

本不詳其籍里。佑，安邑人。嘗三主本布政司鄉試，稱得人。龔斆，鉛山人。以行誼重於鄉。致仕後，復起爲國子司業，歷祭酒。坐放諸生假不奏聞，免。杜斆，字致道，壺關人。舉元鄉試第一，歷官臺州學正。歸家教授，通易、詩、書三經。源，莆田人。亦再徵爲國子司業，卒於官。民望，藁城人。幹，絳州人。顯周，內黃人。

吳伯宗，名祐，〔三〕以字行，金谿人。洪武四年，廷試第一。時開科之始，帝親製策問，得伯宗甚喜，賜冠帶袍笏，授禮部員外郎，與修大明日曆。胡惟庸用事，欲人附己，伯宗不爲屈。惟庸銜之，坐事謫居鳳陽。上書論時政，因言惟庸專恣不法，不宜獨任，久之必爲國患。辭甚愷切。帝得奏召還，賜衣鈔。奉使安南，稱旨。除國子助教，命進講東宮，首陳正心誠意之說。改翰林典籍。帝製十題命賦，援筆立就，詞旨雅潔，賜織金錦衣。除太常司丞，〔六〕辭。改國子司業，又辭。忤旨，貶金縣敎諭。未至，召還爲翰林檢討。十五年進武英殿大學士。明年冬，坐弟仲實爲三河知縣薦舉不實，詞連伯宗，降檢討。

伯宗爲人溫厚，然內剛，不苟婞阿，故屢躓。踰年，卒於官。伯宗成進士，考試官則宋濂、鮑恂也。

恂，字仲孚，崇德人。受易於臨川吳澄，好古力行，著大易傳義，學者稱之。元至正中，以薦授溫州路學正。尋召入翰林，不就。洪武四年，初科舉取士，召爲同考官。試已，辭去。十五年與安吉余詮、〔七〕高郵張長年、登州張紳，皆以明經老成爲禮部主事劉庸所薦，召至京。恂年八十餘，長年、詮亦皆踰七十矣，賜坐顧問。翌日並命爲文華殿大學士，皆以老疾固辭，遂放還。紳後至，以爲鄠縣教諭，尋召爲右僉都御史，終浙江左布政使。其明年以耆儒徵者，曰全思誠，字希賢，上海人，亦授文華殿大學士。又明年請老，賜敕致仕。

伯宗之使安南也，以名德爲交人所重。其後，襄陽任亨泰亦舉洪武二十一年進士第一，以禮部尚書使安南，交人以爲榮。前後使安南者，並稱吳、任云。

亨泰爲禮部尚書時，日照民江伯兒以母病殺其三歲子祀岱嶽。有司以聞。帝怒其滅絕倫理，杖百，戍海南，因命亨泰定旌表孝行事例。亨泰議曰：「人子事親，居則致其敬，養則致其樂，有疾則謹其醫藥。臥冰割股，事非恒經。割股不已，至於割肝，割肝不已，至於殺子，違道傷生，莫此爲甚。墮宗絕祀，尤不孝之大者，宜嚴行戒諭。倘愚昧無知，亦聽其所爲，不在旌表之例。」詔曰「可」。明年，議秦王喪禮，因定凡世子襲爵之禮。會討龍州趙宗壽，命偕御史嚴震直使安南，諭以謹邊方，無納逋逃。時帝以安南篡弑，絕其貢使。至是聞詔使至，震恐。亨泰爲書，述朝廷用兵之故以安慰之，交人大悅。使還，以私市蠻人爲僕，降御史。未幾，思明土官與安南爭界，詞復連亨泰，坐免官。

吳沉，字濬仲，蘭溪人。元國子博士師道子也，以學行聞。太祖下婺州，召沉及同郡許元、葉瓚玉、胡翰、汪仲山、李公常、金信、徐孳、童冀、戴良、吳履、孫履、張起敬會食省中，日令二人進講經史。〔八〕已，命沉爲郡學訓導。

洪武初，郡以儒士舉，誤上其名曰信仲，授翰林院待制。沉謂修撰王釐曰：「名誤不更，是欺罔也。」將白於朝。釐言恐觸上怒。沉不從，牒請改正。帝喜曰：「誠慤人也。」遂眷遇之，召侍左右。以事降編修。給事中鄭相同言：「故事啓事東宮，惟東宮官屬稱臣，朝臣則否。今一體稱臣，於禮未安。」沉駁之曰：「東宮，國之大本。尊東宮，所以尊主上也。相同言非是。」帝從之。尋以奏對失旨，降翰林院典籍。已，擢東閣大學士。

初，帝謂沉曰：「聖賢立教有三：曰敬天，曰忠君，曰孝親。散在經卷，未易會其要領，爾等以三事編輯。」至是書成，賜名精誠錄，命沉撰序。居一年，降翰林侍書，改國子博士，以老歸。沉嘗著辯，言孔子封王爲非禮。後布政使夏寅、祭酒丘濬皆沿其說。至嘉靖九年更定祀典，改稱「至聖先師」，實自沉發之也。

桂彥良，名德偁，以字行，慈谿人。元鄉貢進士，爲平江路學教授，罷歸。張士誠、方國珍交辟，不就。洪武六年徵詣公車，授太子正字。帝嘗出御製詩文，彥良就御座前朗誦，聲徹殿外。左右驚愕，帝嘉其朴直。時選國子生蔣學等爲給事中，舉人張唯等爲編修，肄業文華堂。命彥良及宋濂、孔克表爲之師。嘗從容有所咨問，彥良對必以正。帝每稱善，書其語揭便殿。七年冬至，詞臣撰南郊祝文用「予」「我」字。帝以爲不敬。彥良曰：「成湯祭上帝曰『予小子履』，武王祀文王之詩曰『我將我享』，古有此言。」帝色霽曰：「正字言是也。」時御史臺具獄，令詞臣覆讞。彥良所論釋者數十人。

遷晉王府右傅。帝親爲文賜之。彥良入謝。帝曰：「江南大儒，惟卿一人。」對曰：「臣不如宋濂、劉基。」帝曰：「濂，文人耳。基峻隘，不如卿也。」彥良至晉，製格心圖獻王。後更王府官制，改左長史。朝京師，上太平十二策。帝曰：「彥良所陳，通達事體，有裨治道。世謂儒者泥古不通今，若彥良可謂通儒矣。」十八年請告歸，越二年卒。

明初，特重師傅。既命宋濂教太子，而諸王傅亦愼其選。彥良與陳南賓等皆宿儒老生，而李希顏與駙馬都尉胡觀傅徐宗實，尤以嚴見憚。

李希顏，字愚菴，郟人。隱居不仕。太祖手書徵之，至京，爲諸王師。規範嚴峻。諸王有不率教者，或擊其額。帝撫而怒。高皇后曰：「烏有以聖人之道訓吾子，顧怒之耶？」太祖意解，授左春坊右贊善。諸王就藩，希顏歸舊隱。閭里宴集，常著緋袍戴笠往。客問故，笑曰：「笠本質，緋君賜也。」

徐宗實，名垕，以字行，黃巖人。少穎悟，篤於學。洪武中，被薦，除銅陵簿。請告迎養，忤帝意，謫戍淮陰驛。會東川侯胡海子觀選尙主，帝爲觀擇師，難其人，以命宗實。中使援他府例，置駙馬位中堂南向，而布師席於西階上東向。宗實手引駙馬位使下，然後爲說書。左右大驚，相顧以目。帝聞而嘉之，召宗實慰勞數四。洪武末，授蘇州通判，奏發官粟二十萬石以活饑民。春水暴齧隄，倡議修築。吳人皆以爲便。請旌元節婦王氏，禮部以前朝事不當允。宗實言：「武王封比干墓，獨非前朝事乎！」遂得旌。建文二年，超擢兵部右侍郎坐事貶官，尋復職。燕事急，使兩浙招義勇。成祖卽位，疏乞歸。逾二年，以事被逮，道卒。

陳南賓，名光裕，以字行，茶陵人。元末爲全州學正。洪武三年聘至都，除無棣丞，歷膠州同知，所至以經術爲治。召爲國子助教。嘗入見，講洪範九疇。帝大喜，書姓名殿柱。後御注洪範，多採其說。擢蜀府長史。蜀獻王好學，敬禮尤至，造安車以賜。爲搆第，名「安老堂」。二十九年，與方孝孺同爲四川考試官。詩文清勁有法。卒年八十。其後諸王府長史劉淳、董子莊、趙季通、楊黼、金實、蕭用道、宋子環之屬，皆有名。

劉淳，南陽人。洪武末爲原武訓導，周王聘爲世子師。尋言於朝，補右長史，以正輔王。端禮門槐盛夏而枯。淳陳咎徵進戒。王用其言修省，枯枝復榮。王旌其槐曰「攄忠」。致仕十餘年而卒，年九十有七。

董子莊，名琰，以字行，江西樂安人。有學行。洪武中，以學官遷知茂名縣。永樂時，由國子司業出爲趙王府右長史，隨事匡正。王多過，帝輒以責長史。子莊以能諫，得無過。十八年春當陪祀國社，夙起，衣冠端坐而卒。

趙季通，字師道，天台人。亦由教官歷知永豐、龍溪，與修太祖實錄，累進司業。出爲趙王府左長史，與子莊同心輔導，藩府賢僚首稱趙、董云。

楊黼，吉水人。官御史。仁宗卽位，上疏言十事。擢衞王府右長史。盡心獻替，未嘗苟取一錢。宣德初，卒。

金實，開化人。永樂初，上書言治道。帝嘉之。復對策稱旨，除翰林典籍。與修太祖實錄、永樂大典，選爲東宮講官，歷左春坊左司直。仁宗立，除衞府左長史。正統初，卒。爲人孝友，敦行誼，閱經史，日有程限，至老不輟。

蕭用道，泰和人。建文中，舉懷才抱德，詣闕試文章。擢靖江王府長史，召入翰林，修類要。燕師渡淮，與周是修同上書，指斥用事者。永樂時，預修太祖實錄，改右長史，從王之藩桂林。嘗爲王陳八事，曰：愼起居，寡嗜慾，勤學問，養德性，簡鞭扑之刑，無侵下人利，常接府僚以通羣情，簡擇謹厚人以備差遣。又作端禮、體仁、遵義、廣智四門箴獻王。久之，以疾乞歸。成祖怒，貶宣府鷄兒嶺巡檢，卒。子晅，由進士官湖廣左布政使。天順四年舉治行卓異，拜禮部尙書。初，兩京尙書缺，多用布政使爲之。自晅後，遂無拜尙書者。晅重厚廉靜，而不善奏對，調南京，卒。

宋子環，廬陵人。由庶吉士歷考功郎中。從師逵採木湖廣，以寬厚得衆心。仁宗卽位，授梁府右長史，改越府。和易澹泊，所至有賢聲。宣德中，卒官。自是以後，王府官不爲淸流，遂無足紀者矣。

宋訥，字仲敏，滑人。父壽卿，元侍御史。訥性持重，學問該博。至正中，舉進士，任鹽山尹，棄官歸。洪武二年徵儒士十八人編禮、樂諸書，訥與焉。事竣，不仕歸。久之，用四輔官杜斅薦，授國子助教，以說經爲學者所宗。十五年超遷翰林學士，命撰宣聖廟碑。稱旨，賞賚甚厚。改文淵閣大學士。嘗寒附火，燎脅下衣，至膚始覺。帝製文警之。未幾，遷祭酒。時功臣子弟皆就學，及歲貢士嘗數千人。訥爲嚴立學規，終日端坐講解無虛晷，夜恒止學舍。十八年復開進士科，取士四百七十有奇，由太學者三之二。再策士，亦如之。帝大悅，製詞褒美。

助教金文徵等疾訥，搆之吏部尚書余熂，牒令致仕。訥陛辭。帝驚問，大怒，誅熂、文徵等，留訥如故。訥嘗病，帝曰：「訥有壽骨，無憂也。」尋愈。帝使畫工瞯訥圖其像，危坐有怒色。明日入對，帝問昨何怒。訥驚對曰：「諸生有趨蹌者，碎茶器。臣愧失教，故自訟耳。且陛下何自知之？」帝出圖。訥頓首謝。

長子麟，舉進士，擢御史，出爲望江主簿。帝念訥老，召還侍。二十三年春，訥病甚，乃止學舍。麟請歸私第，叱曰：「時當丁祭，敢不敬耶！」祭畢，舁歸舍而卒，年八十。帝悼惜，自爲文祭之。又遣官祭於家，爲治葬地。文臣四品給祭葬者，自訥始。正德中，謚文恪。

訥嘗應詔陳邊事，言：「海內乂安，惟沙漠尚煩聖慮。若窮追遠擊，未免勞費。陛下爲聖子神孫計，不過謹邊備而已。備邊在乎實兵，實兵在乎屯田。漢趙充國將四萬騎，分屯緣邊九郡，而單于引却。陛下宜於諸將中選謀勇數人，以東西五百里爲制，立法分屯，布列要害，遠近相應，遇敵則戰，寇去則耕，此長策也。」帝頗採用其言。訥既卒，帝思之，官其次子復祖爲司業，誡諸生守訥學規，違者罪至死。

明開國時卽重師儒官，許存仁、魏觀爲祭酒，老成端謹。訥稍晚進，最蒙遇。與訥定學規者，司業王嘉會、龔斆。三人年俱高，鬚髮皓白，終日危坐，堂上肅然。而張美和、聶鉉、貝瓊等皆名儒，當洪武時，先後爲博士、助教、學錄，以故諸生多所成就。魏觀事別載。嘉會，字原禮，嘉興人。以薦徵，累官國子監司業。十六年，亦以老請歸，優詔留之。年八十卒，賻卹甚厚。

許存仁，名元，以字行，金華許謙子也。太祖素聞謙名，克金華，訪得存仁，與語大悅，命傳諸子。擢國子博士。嘗命講尙書洪範休咎徵之說。又嘗問孟子何說爲要。存仁以行王道、省刑、薄賦對。吳元年擢祭酒。存仁出入左右垂十年，自稽古禮文事，至進退人才，無不與論議。既將議卽大位，而存仁告歸。司業劉丞直曰：「主上方應天順人，公宜稍待。」

存仁不聽，果忤旨。僉事程孔昭劾其隱事，遂逮死獄中。

張美和，名九韶，以字行，清江人。能詞賦。元末，累舉不仕。洪武三年，以薦爲縣學教諭，後遷國子助教，改翰林院編修。致仕歸，帝親爲文賜之。復與錢宰等並徵修書傳，既成，遣還。

聶鉉，字器之，美和同邑人。洪武四年進士。爲廣宗丞，疏免旱災稅。秩滿入覲，獻南都賦及洪武聖德詩。授翰林院待制，改國子助教，遷典籍，與美和同賜歸。十八年復召典會試，欲留用之。乞便地自養。令食廬陵教諭俸，終其身。

貝瓊，字廷琚，崇德人。性坦率，篤志好學，年四十八，始領鄉薦。張士誠屢辟不就。洪武初，聘修元史。既成，受賜歸。六年以儒士舉，除國子助教。瓊嘗慨古樂不作，爲大韶賦以見志。宋濂之爲司業也，建議立四學，並祀舜、禹、湯、文爲先聖。太祖既絀其說，瓊復爲釋奠解駁之，識者多是瓊議。與美和、鉉齊名，時稱「成均三助」。九年改官中都國子監，教勳臣子弟。瓊學行素優，將校武臣皆知禮重。十一年致仕，卒。

趙俶，字本初，山陰人。元進士。洪武六年徵授國子博士。帝嘗御奉天殿，召俶及錢宰、貝瓊等曰：「汝等一以孔子所定經書爲教，愼勿雜蘇秦、張儀縱橫之言。」諸臣頓首受命。俶因請頒正定十三經於天下，屏戰國策及陰陽讖卜諸書，勿列學宮。明年擇諸生穎異者三十五人，命俶專領之，教以古文。尋擢李擴、黃義等入文華、武英二堂說書，皆見用。九年，御史臺言博士俶以詩經教成均四年，其弟子多爲方岳重臣及持節各部者，今年逾懸車，請賜骸骨。於是以翰林院待制致仕，〔九〕賜內帑錢治裝。宋濂率同官曁諸生千餘人送之。卒年八十一。子圭玉，兵部侍郎，出知萊州，有聲。

錢宰，字子予，會稽人。吳越武肅王十四世孫。至正間中甲科，親老不仕。洪武二年徵爲國子助教。作金陵形勝論、歷代帝王廟樂章，皆稱旨。十年乞休。進博士，賜敕遣歸。至二十七年，帝觀蔡氏書傳，象緯運行，與朱子詩傳相悖，其他註與鄱陽鄒季友所論有未安者，徵天下宿儒訂正之。兵部尚書唐鐸舉宰及致仕編修張美和、助教靳權等。行人馳傳徵至，命劉三吾總其事。江東諸門酒樓成，賜百官鈔，宴其上。宰等賦詩謝。帝大悅。諭諸儒年老願歸者，先遣之。宰年最高，請留。帝喜。書成，賜名書傳會選，頒行天下。厚賜，令馳驛歸。卒年九十六。

又蕭執者，字子所，泰和人。洪武四年鄉舉。爲國子學錄。明年夏至，帝有事北郊，召尚書吳琳、主事宋濂率文學士以從。執偕陶凱等十二人入見齋所。令賦詩，復令賦山梔花。獨喜執作，遍示諸臣，寵眷傾一時。時帝留意文學，往往親試廷臣，執與陳觀知遇尤異。觀以訓導入覲，試王猛捫蝨論，立擢陝西參政。尋召還侍左右，應制作鍾山賦，賜金幣。在陝以廉謹稱。或問陝產金何狀。觀大驚曰：「吾備位藩寮，何金之問。」其卒也，妻子幾無以自存。而執以親老乞歸，親沒廬墓側。中國公鄧鎭剿龍泉寇，不戢下。執往責之，鎭爲禁止，邑人以安。兩人皆篤行君子也。

李叔正，字克正，初名宗頤，靖安人。年十二能詩，長益淹博。時江西有十才子，叔正其一也。以薦授國子學正。洪武初，告歸。

未幾，復以薦爲學正，遷渭南丞。同州蒲城人爭地界，累年不決，行省以委叔正。單騎至，剖數語立決。渭南歲輸糧二萬，豪右與猾吏爲奸，田無定額。叔正履畝丈量，立法精密，諸弊盡剔。

遷興化知縣。尋召爲禮部員外郎，以年老乞歸，不許，改國子助教，於是叔正三至太學矣。帝方銳意文治，於國學人材尤加意。然諸生多貴冑，不率教。叔正嚴立規條，旦夕端坐，督課無倦色。朝論賢之。

擢監察御史，奉命巡嶺表。瓊州府吏訐其守踞公座簽表文。叔正鞫之。守得白，抵吏罪。太祖嘉之曰：「人言老御史懦，乃明斷如是耶。」累官禮部侍郎。十四年進尙書，卒於官。叔正妻夏氏，陳友諒陷南昌時，投井死。叔正感其義，終身不復娶。

劉崧，字子高，泰和人，舊名楚。家貧力學，寒無爐火，手皸裂，而鈔錄不輟。元末舉於鄉。洪武三年舉經明行修，改今名。召見奉天殿，授兵部職方司郎中。奉命徵糧鎭江。鎭江多勳臣田，租賦爲民累，崧力請得少減。遷北平按察司副使，輕刑省事，招集流亡，民咸復業。立文天祥祠於學宮之側。勒石學門，示府縣勿以徭役累諸生。嘗請減僻地驛馬以益宛平。帝可其奏，顧謂侍臣曰：「驛傳勞逸不均久矣，崧能言之，牧民不當如是耶。」爲胡惟庸所惡，坐事謫輸作，尋放歸。十三年，惟庸誅，徵拜禮部侍郎。未幾，擢吏部尙書。雷震謹身殿，帝廷諭羣臣陳得失。崧頓首，以修德行仁對。尋致仕。

明年三月與前刑部尙書李敬並徵。拜敬國子祭酒，而崧爲司業。賜鞍馬，令朝夕見，見輒燕語移時。未旬日卒。疾作，猶强坐訓諸生。及革，敬問所欲言。曰：「天子遣崧敎國子，將責以成功，而遽死乎！」無一語及家事。帝命有司治殯殮，親爲文祭之。

崧幼博學，天性廉愼。兄弟三人共居一茅屋，有田五十畝。及貴，無所增益。十年一布被，鼠傷，始易之，仍葺以衣其子。居官未嘗以家累自隨。之任北平，攜一童往，至則遣還。晡時吏退，孤燈讀書，往往達旦。善爲詩，豫章人宗之爲「西江派」云。

羅復仁，吉水人。少嗜學，陳友諒辟爲編修。已，知其無成，遁去。謁太祖於九江，留置左右。從戰鄱陽，齎蠟書諭降江西未下諸郡。授中書諮議。從圍武昌。太祖欲招陳理降，以復仁故友諒臣也，遣入城諭，且曰：「理若來，不失富貴。」復仁頓首曰：「如陳氏遺孤得保首領，俾臣不食言於異日，臣死不憾。」太祖曰：「汝行，吾不汝誤也。」復仁至城下，號慟者竟日。理縋之入。見理大哭，陳太祖意，且曰：「大兵所向皆摧，不降且屠，城中民何罪？」理聽其言，遂率官屬出降。

遷國子助教，以老特賜乘小車出入。每宴見，賜坐飲食。已，復使擴廓。前使多拘留，復仁議論慷慨，獨得還。洪武元年擢編修，復偕主事張福往諭安南還占城侵地。安南奉詔，遺復仁金、貝、土產甚厚，悉却不受。帝聞而賢之。

三年置弘文館，以復仁爲學士，與劉基同位。在帝前率意陳得失，嘗操南音。帝顧喜其質直，呼爲「老實羅」而不名。間幸其舍，負郭窮巷，復仁方堊壁，急呼其妻抱杌以坐帝。帝曰：「賢士豈宜居此。」遂賜第城中。天壽節製水龍吟一闋以獻。帝悅，厚賜之。尋乞致仕。陛辭，賜大布衣，題詩衣襟上褒美之。已，又召至京師，奏減江西秋糧。報可。留三月，賜玉帶、鐵拄杖、坐墩、裘馬、食具遣還，以壽終。

孫汝敬，名簡，以字行。永樂二年庶吉士，就學文淵閣，誦書不稱旨，卽日遣戍江南，數日復之。自此刻厲爲學，累遷侍講。仁宗時，上言時政十五事，忤旨下獄。旣與李時勉同改御史，直聲震一時。宣宗初，上書大學士楊士奇曰：「太祖高皇帝奄有四海，太宗文皇帝再造寰區，然猶翼翼兢兢，無敢豫怠。先皇帝嗣統未及期月，奄棄羣臣。揆厥所由，皆憸壬小夫，獻金石之方以致疾也。去冬，簡以愚戇應詔上書，言涉不敬，罪當萬死。先皇帝憐其孤直，寬雷霆之誅，俾居言路，撫躬循省，無可稱塞。伏見今年六月，車駕幸天壽山，躬謁二陵，京師之人瞻望咨嗟，以爲聖天子大孝。旣而道路喧傳，禮畢卽較獵講武，扈從惟也先土干與其徒數百人，風馳電掣，馳逐先後。某聞此言，心悸膽落。夫蒐苗獮狩，固有國之常經。然以謁陵出，而與降將較獵於山谷間，垂堂之戒，銜橛之虞，不可不深慮也。執事四朝舊臣，二聖元輔，於此不言，則孰得而言之者？惟特加採納，以弘靖獻之思，光弼直之義。」

尋擢工部右侍郎，兩使安南。時黎利言其主陳暠已死，而張筵設女樂。汝敬叱之，利懼謝。還督兩浙漕運，理陝西屯田，多所建置。坐受餽，充爲事官。英宗立，遇赦，汝敬誤引詔復職，復逮繫。以在陝措置勞，宥死戍邊。尋復職，莅故任。塞上有警，汝敬往督餉。遇敵紅城子，中流矢，墜馬得免。以疾告歸，卒。

贊曰：明始建國，首以人材爲務，徵辟四方，宿儒羣集闕下，隨其所長而用之。自議禮定制外，或參列法從，或預直承明，而成均胄子之任尤多稱職，彬彬乎稱得人焉。夫諸臣當元之季世，窮經績學，株守草野，幾於沒齒無聞。及乎泰運初平，連茹利見，乃各展所蘊，以潤色鴻猷，黼黻文治。昔人謂天下不患無才，惟視上之網羅何如耳，顧不信哉！

校勘記

〔一〕行省承制授靜江路儒學副提舉　靜，原作「靖」。元有靜江路，見元史卷六三地理志，據改。

〔二〕降國子博士　博士，原作「助教」，據明史稿傳二〇劉三吾傳、太祖實錄卷一九九洪武二十三年正月辛巳條改。

〔三〕泰和宋琮第一　太祖實錄卷二五一洪武三十年三月癸丑條，「擢陳郊爲第一」。明進士題名碑錄洪武丁丑科，陳郊第一名，宋琮第九名。

〔四〕徙居潁州　潁州，原作「潁川」，據明史稿傳二〇安然傳、太祖實錄卷一三八洪武十四年八月庚辰條改。

〔五〕吳伯宗名祐　明史考證擴逸卷五：「按列卿記載吳伯宗名祏，開國功臣傳同。」「祏」與「伯宗」相應，作「祏」是。

〔六〕除太常司丞　太常司，原作「太常寺」。按本書卷七四職官志，洪武三十年始改太常司爲太常寺。此爲洪武十五年以前事，不得遽稱「太常寺」，據改。

〔七〕與安吉余詮　安吉，原誤倒作「吉安」，據明史稿傳二〇吳伯宗傳、太祖實錄卷一五〇洪武十五年十一月辛酉條改。

〔八〕日令二人進講經史　二人，原作「三人」，據明史稿傳二〇吳沉傳、太祖實錄卷六戊戌十二月「是月」條改。

〔九〕於是以翰林院待制致仕　待制，原作「待詔」，據明史稿傳二〇趙俶傳改。

明史卷一百三十八

列傳第二十六

陳修 滕毅 趙好德 翟善 李仁 吳琳 楊思義 滕德懋 范敏 費震 張琬

周禎〔一〕 劉惟謙 周湞 端復初 李質 黎光 劉敏 楊靖 凌漢 嚴德珉

單安仁 朱守仁 薛祥 秦逵 趙翥 趙俊 唐鐸 沈溍 開濟

陳修，字伯昂，上饒人。從太祖平浙東，授理官，援引律令，悉本寬厚，盡改元季弊政。擢兵部郎中，遷濟南知府。時亂後比戶彫殘，且多衞將練兵屯田其間，修撫治有方，兵民相安，流亡復業。帝嘉之。洪武四年拜吏部尚書。

六部之設，始自洪武元年。鎮江滕毅首長吏部，佐省臺裁定銓除考課諸法略具。至是修與侍郎李仁詳考舊典，參以時宜，按地衝僻，爲設官煩簡。凡庶司黜陟及課功覈實之法，皆精心籌畫，銓法秩然。未幾，卒官。其後部制屢創。令入覲官各舉所知，定內外封贈廕敍之典，自浮山李信始。天下朝正官各造事蹟文册圖畫土地人民以進，及撥用吏員法，自崑山余熂始。倣唐六典，自五府、六部、都察院以下諸司設官分職，編集爲書曰諸司職掌，定吏役考滿給由法以爲司、衞、府、縣首領，選監生能文章者兼除州縣官及學正、敎諭，自泰興翟善始。三年一朝，考覈等第，自沂水杜澤始。此洪武時銓政大略也。

六部初屬中書省，權輕，多仰承丞相意指。毅、修及詹同、吳琳、趙好德輩，居吏部稱賢，然亦無大建豎。至十三年，中書省革，部權乃專，而銓衡爲尤要。顧帝用法嚴，熂以排宋訥誅，善貶，澤拜尙書，未數月罷。惟信歷侍郎，拜尙書，幾二載，卒於官云。

滕毅，字仲弘。太祖征吳，以儒士見，留徐達幕下。尋除起居注，命與楊訓文集古無道之君若桀、紂、秦始皇、隋煬帝行事以進，曰：「吾欲觀喪亂之由，以爲炯戒耳。」吳元年出爲湖廣按察使。尋召還，擢居吏部一月，改江西行省參政，卒。

趙好德，字秉彝，汝陽人。由安慶知府入爲戶部侍郎。進尙書，改吏部。帝嘉其典銓平，嘗召與四輔官入內殿，坐論治道，命畫史圖像禁中。終陝西參政。子毅，永樂中，官至工部侍郎。

翟善，字敬夫，以貢舉歷官吏部文選司主事。二十六年，尚書詹徽、侍郎傅友文誅，命善署部事，再遷至尚書。明於經術，奏對合帝意。帝曰：「善雖年少，氣宇恢廓，他人莫及也。」欲爲營第於鄉，善辭。又欲除其家戍籍，善曰：「戍卒宜增，豈可以臣破例。」帝益以爲賢。二十八年坐事降宣化知縣以終。

李仁，唐縣人。初仕陳友諒。王師克武昌，來歸。以常遇春薦，代陶安知黃州府。歷官侍郎，進尚書。坐事謫青州，政最，擢戶部侍郎，致仕。

吳琳，黃岡人。太祖下武昌，以詹同薦，召爲國子助教，經術逾于同。吳元年除浙江按察司僉事，復入爲起居注，命齎幣帛求書於四方。洪武六年，自兵部尚書改吏部，嘗與同迭主部事。踰年，乞歸。帝嘗遣使察之。使者潛至旁舍，一農人坐小杌，起拔稻苗布田，貌甚端謹。使者前曰：「此有吳尚書者，在否？」農人斂手對曰：「琳是也。」使者以狀聞。帝爲嘉歎。

楊思義，不詳其籍里。太祖稱吳王，授起居注。初，錢穀隸中書省。吳元年始設司農卿，以思義爲之。明年設六部，改爲戶部尚書。大亂之後，人多廢業。思義請令民間皆植桑麻，四年始徵其稅，不種桑者輸絹，不種麻者輸布，如周官里布法。詔可。帝念水旱不時，緩急無所恃，命思義令天下立預備倉，以防水旱。思義首邦計，以農桑積貯爲急。凡所興設，雖本帝意，而經畫詳密，時稱其能。調陝西行省參政，卒於官。

終洪武朝，爲戶部尚書者四十餘人，皆不久於職，績用罕著。惟茹太素、楊靖、滕德懋、范敏、費震之屬，差有聲。太素、靖自有傳。

德懋，字思勉，吳人。由中書省掾歷外任。洪武三年召拜兵部尚書，尋改戶部。爲人有才辨，器量弘偉，長於奏疏，一時招徠詔諭之文多出其手。以事免官，卒。

范敏，閿鄉人。洪武八年舉秀才，擢戶部郎中。十三年授試尚書。薦耆儒王本等，皆拜四輔官。帝以徭役不均，命編造黃册。敏議百一十戶爲里，丁多者十人爲里長，鳩一里之事以供歲役，十年一周，餘百戶爲十甲，後遂仍其制不廢。明年以不職罷。

費震，鄱陽人。洪武初以賢良徵，爲吉水知州，寬惠得民，擢知漢中。歲凶盜起，發倉粟十餘萬斛貸民，俾秋成還倉。盜聞，皆來歸。令占宅自爲保伍，得數千家。帝聞而嘉之。後坐事被逮，以有善政，特釋爲寶鈔提舉。十一年，帝謂吏部曰：「資格爲常流設耳，有才能者當不次用之。」超擢者九十五人，而拜震戶部侍郎，尋進尚書。奉命定丞相、御史大夫以下歲祿之制。出爲湖廣布政使，以老致仕。

洪武初，有張琬者，鄱陽人。以貢士試高等，授給事中，改戶部主事。一日，帝問天下財賦、戶口之數。口對無遺。帝悅，立擢左侍郎。謹身殿災，上言時政。歲饑，請蠲民租百萬餘石。俱見嘉納。琬才敏有心計，年二十七，卒於官。時人惜之。

周禎，字文典，江寧人。元末流寓湖南。太祖平武昌，用爲江西行省僉事，歷大理卿。太祖以唐、宋皆有成律斷獄，惟元以一時行事爲條格，胥吏易爲奸。詔禎與李善長、劉基、陶安、滕毅等定律令，少卿劉惟謙、丞周湞與焉。書成，太祖稱善。

洪武元年設刑部，以禎爲尚書，尋改治書侍御史。明年出爲廣東行省參政。時省治初開，正官多缺，吏治鮮勸懲。香山丞沖敬有治行，以勞卒官，禎爲文祭之。聞者感動。一時郡邑良吏雷州同知余騏孫、惠州知府萬迪、乳源知縣張安仁、清流知縣李鐸、揭陽縣丞許德、廉州知府脫因、歸善知縣木寅，禎皆列其政績以聞。寅，土司。脫因，蒙古人也。於是屬吏益勸。三年九月召爲御史中丞。尋引疾致仕。帝初卽位，懲元寬縱，用法太嚴，奉行者重足立。律令既具，吏士始知循守。其後數有釐正，皆以禎書爲權輿云。

劉惟謙，不詳何許人。吳元年以才學舉。洪武初，歷官刑部尚書。六年命詳定新律，刪繁損舊，輕重得宜。帝親加裁定頒行焉。後坐事免。

周湞，字伯寧，鄱陽人，江西十才子之一也，官亦至刑部尚書。終洪武世，爲刑部者亦幾四十人，楊靖最著，而端復初、李質、黎光、劉敏亦有名。

復初，字以善，溧水人。子貢裔也，從省文，稱端氏。元末爲小吏。常遇春鎭金華，召致幕下。未幾，辭去。太祖知其名，召爲徽州府經歷。令民自實田，彙爲圖籍，積弊盡刷。稍遷至磨勘司令。時官署新立，案牘塡委，復初鉤稽無遺。帝嘗廷譽之。性嚴峭，人不敢干以私。僚屬多貪敗，復初獨以清白免。洪武四年超拜刑部尚書，用法平。杭州飛糧事覺，逮繫百餘人。詔復初往治，誠僞立辨，知府以下皆服罪。明年出爲湖廣參政，令民來歸者，復其賦一年。流亡畢集，以治辦聞。坐事召還，卒。子孝文，翰林待詔；孝思，翰林侍書。先後使朝鮮，並著清節，朝鮮人爲立雙淸館云。

李質，字文彬，德慶人。有材略。元末居何眞麾下，嘗募兵平德慶亂民，旁郡多賴其保障。名士客嶺南者，茶陵劉三吾、江右伯顏子中、羊城孫蕡、建安張智等，皆禮之。洪武元年從眞降，授中書斷事。明年改都督府斷事，强力執法。五年擢刑部侍郎，進尙書，治獄平恕。遣振饑山東，御製詩餞之。尋出爲浙江行省參政。居三年，惠績著聞。帝念質老，召還。嘗入見便殿，訪時政。質直言無隱。拜靖江王右相。王罪廢，質竟坐死。

黎光，東莞人。以鄉薦拜御史，巡蘇州，請振水災，全活甚衆。巡鳳陽，上封事，悉切時弊。帝嘉之。洪武九年擢刑部侍郎，執法不阿，爲御史大夫陳寧所忌，坐事死貶所。

劉敏，肅寧人。舉孝廉，爲中書省吏。嘗暮市蘆龍江，旦載於家，俾妻織席，鬻以奉母，而後入治事。性廉介，或遺之瓷瓦器，亦不受。爲楚相府錄事，中書以沒官女婦給文臣家，衆勸其請給以事母。敏固辭曰：「事母，子婦事，何預他人。」及省臣敗，吏多坐誅，敏獨無所預。帝賢之，擢工部侍郎，改刑部。出爲徽州府同知，有惠政，卒於官。

楊靖，字仲寧，山陽人。洪武十八年進士，選吏科庶吉士。〔三〕明年擢戶部侍郎。時任諸司者，率進士及太學生，然時有不法者。帝製大誥，舉通政使蔡瑄、左通政茹瑺、工部侍郎秦逵及靖以諷厲之曰：「此亦進士太學生也，能率職以稱朕心。」其見稱如此。

二十二年進尙書。明年五月詔在京官三年皆遷調，著爲令。乃以刑部尙書趙勉與靖換官。諭曰：「愚民犯法，如啗飲食。設法防之，犯者益衆。推恕行仁，或能感化。自今惟犯十惡並殺人者死，餘罪皆令輸粟北邊。」又曰：「在京獄囚，卿等覆奏，朕親審決，猶恐有失。在外各官所擬，豈能盡當？卿等當詳讞，然後遣官審決。」靖承旨研辨，多所平反。帝嘉納之。嘗鞫一武弁，門卒檢其身，得大珠，屬僚驚異。靖徐曰：「僞也，安有珠大如此者乎。」碎之。帝聞，歎曰：「靖此舉，有四善焉。不獻朕求悅，一善也。不窮追投獻，二善也。不獎門卒，杜小人僥倖，三善也。千金之珠卒然而至，略不動心，有過人之智，應變之才，四善也。」

二十六年兼太子賓客，並給二祿。已，坐事免。會征龍州趙宗壽，詔靖諭安南輸粟餉師。以白衣往。安南相黎一元以陸運險艱，欲不奉詔。靖宣示反覆開諭，且許以水運。一元乃輸粟二萬至沲海江，別造浮橋以達龍州。帝大悅，拜靖左都御史。靖公忠有智略，善理繁劇，治獄明察而不事深文。寵遇最厚，同列無與比。三十年七月坐爲鄉人代改訴冤狀草，爲御史所劾。帝怒，遂賜死。時年三十八。

時有淩漢，字斗南，原武人。以秀才舉，獻烏鵲論。授官，歷任御史。巡按陝西，疏所部疾困數事。帝善之，召其子賜衣鈔。漢鞫獄平允。及還京，有德漢者，邀置酒，欲厚贈以金。漢曰：「酒可飲，金不可受也。」帝聞之嘉歎，擢右都御史。時詹徽爲左，論議不合，每面折徽，徽銜之。左遷刑部侍郎，改禮部。後爲徽所劾，降左僉都御史。帝憫其衰，令歸田里。漢以徽在，有後憂，不敢去。歲餘徽誅，復擢右僉都御史，尋致仕歸。漢出言不檢，居官屢躓。然以廉直見知於帝，故終得保全。

又吳人嚴德珉，由御史擢左僉都御史，以疾求歸。帝怒，黥其面，謫戍南丹，遇赦放還。布衣徒步，自齒齊民，宣德中猶存。嘗以事爲御史所逮。德珉跪堂下，自言曾在臺勾當公事，曉三尺法。御史問何官。答言：「洪武中臺長，所謂嚴德珉是也。」御史大驚，揖起之。次日往謁，則擔囊徙矣。有敎授與飮，見其面黥，戴敝冠，問：「老人犯何法？」德珉述前事，因言「先時國法甚嚴，仕者不保首領，此敝冠不易戴也。」乃北面拱手，稱「聖恩，聖恩」云。

單安仁，字德夫，濠人。少爲府吏。元末江淮兵亂，安仁集義兵保鄉里，授樞密判官。從鎭南王孛羅普化守揚州。時羣雄四起，安仁歎曰：「此輩皆爲人驅除耳。王者之興，當自有別。」鎭南王爲長槍軍所逐，安仁無所屬，聞太祖定集慶，乃曰：「此誠是已。」率衆歸附。太祖悅，卽命將其軍守鎭江。嚴飭軍伍，敵不敢犯。移守常州，其子叛降張士誠，太祖知安仁忠謹，弗疑也。久之，遷浙江副使。悍帥橫斂民，名曰寨糧，安仁置於法。進按察使，徽爲中書左司郎中，佐李善長裁斷。調瑞州守禦千戶，入爲將作卿。洪武元年擢工部尚書，仍領將作事。安仁精敏多智計，諸所營造，大小中程，甚稱帝意。逾年改兵部尚書，請老歸。賜田三千畝，牛七十角，歲給尚書半俸。六年起山東參政。懇辭，許之。家居，嘗奏請濬儀眞南壩至朴樹灣以便官民輸輓，疏轉運河江都深港以防淤淺，移瓜州倉厫置揚子橋西，免大江風潮之患。帝善其言。再授兵部尚書，致仕。初，尚書階正三品。十三年，中書省罷，始進爲正二，而安仁致仕在前。帝念安仁勳舊，二十年特授資善大夫。其年十二月卒，年八十五。

徐州朱守仁者，字元夫，元末亦以保障功官樞密同知，守舒城。明兵下廬州，以城來歸，歷官工部侍郎。洪武四年進尙書，奉命察山東官吏，稱旨。尋改北平行省參政。以餽餉不繼，謫蒼梧知縣。初，守仁知袁州，撫安創殘，民甚德之。至是連知容州、高唐州，皆有善政。十年進四川布政使，治尙簡嚴。以年老致仕。坐事罰輸作，特宥之。十五年，雲南平，改威楚、開南等路宣撫司爲楚雄府，遂命守仁知府事。招集流移，均徭役，建學校，境內大治。二十八年上計入朝，郡人垂涕送之。拜太僕卿。首請立牧馬草場於江北滁州諸處。所轄十四監九十八羣，馬大蕃息。馬政之修，自守仁始。久之，致仕。永樂初，入朝，遇疾卒。

薛祥，字彥祥，無爲人。從俞通海來歸，渡江爲水寨管軍鎭撫，數從征有功。洪武元年轉漕河南。夜半抵蔡河，賊驟至。祥不爲動，好語諭散之。帝聞大喜。以方用兵，供億艱，授京畿都漕運使，〔三〕分司淮安。濬河築堤，自揚達濟數百里，徭役均平，民無怨言。有勞者立奏，授以官。元都下，官民南遷，道經淮安，祥多方存恤。山陽、海州民亂，駙馬都尉黃琛捕治，詿誤甚衆。祥會鞫，無驗者悉原之。治淮八年，民相勸爲善。及考滿還京，皆焚香祝其再來，或肖像祀之。

八年授工部尙書。時造鳳陽宮殿。帝坐殿中，若有人持兵鬬殿脊者。太師李善長奏諸工匠用厭鎭法，帝將盡殺之。祥爲分別交替不在工者，並鐵石匠皆不預，活者千數。營謹身殿，有司列中匠爲上匠。帝怒其罔，命棄市。祥在側爭曰：「奏對不實，竟殺人，恐非法。」得旨用腐刑。祥復徐奏曰：「腐，廢人矣，莫若杖而使工。」帝可之。明年改天下行省爲承宣布政司。以北平重地，特授祥，三年治行稱第一。爲胡惟庸所惡，坐營建擾民，謫知嘉興府。惟庸誅，復召爲工部尙書。帝曰：「讒臣害汝，何不言？」對曰：「臣不知也。」明年坐累杖死，天下哀之。子四人，謫瓊州，遂爲瓊山人。

孫遠，正統七年進士，景泰時，官戶部郎中。天順元年擢本部右侍郎，改工部。奉詔塞開封決河。還，仍改戶部。成化初，督兩廣軍餉，位至南京兵部尚書，以忤汪直免官。

其繼祥爲工部尚書有名者，有秦逵等。

逵，字文用，宣城人。洪武十八年進士。歷事都察院。奉檄清理囚徒，寬嚴得宜。帝嘉其能，擢工部侍郎。時營繕事繁，部中缺尚書，凡興作事皆逵領之。初，議籍四方工匠，驗其丁力，定三年爲班，更番赴京，三月交代，名曰「輪班匠」，未及行。至是逵議量地遠近爲班次，置籍，爲勘合付之，至期齎至部，免其家徭役，著爲令。帝念逵勤勩，詔有司復其家。二十二年進尚書。明年改兵部。未幾，復改工部。帝以學校爲國儲材，而士子巾服無異胥吏，宜更易之，命逵製式以進。凡三易，其製始定。賜監生藍衫縧各一，以爲天下先。明代士子衣冠，蓋創自逵云。

有趙翥者，永寧人。有志節，以學行聞。由訓導舉賢良，擢贊善大夫，拜工部尚書。奏定天下歲造軍器之數，及議定藩王宮城制度。

趙俊者，不知何許人。自工部侍郎進尚書。帝以國子監所藏書板，歲久殘剝，命諸儒考補，工部督匠修治。俊奉詔監理，古籍始備。洪武十二年，翥改署刑部，尋致仕去，俊，十七年免。而逵於二十五年九月坐事自殺。

唐鐸，字振之，虹人。太祖初起兵，卽侍左右。守濠州，從定江州，授西安縣丞，召爲中書省管勾。洪武元年，湯和克延平，以鐸知府事，拊輯新附，士民安之。居三年，入爲殿中侍御史，復出知紹興府。六年十二月召拜刑部尙書。明年改太常卿。丁母憂，特給半俸。十四年，服闋，起兵部尙書。明年，初置諫院，以爲諫議大夫。帝嘗與侍臣論歷代興廢曰：「使朕子孫如成、康，輔弼如周、召，則可祈天永命。」鐸因進曰：「豫敎元良，選左右爲輔導，宗社萬年福也。」帝又謂鐸曰：「人有公私，故言有邪正。正言務規諫，邪言務謗訕。」鐸曰：「謗近忠，訕近愛，不爲所眩，則讒佞自遠。」未幾，左遷監察御史。請選賢能京官徧歷郡縣，訪求賢才，體察官吏，選歷練老成望隆名重者，居布政、按察之職。帝從之。旣復擢爲右副都御史，歷刑、兵二部尙書。二十二年，置詹事院，命吏部曰：「輔導太子，必擇端重之士。三代保傅，禮甚尊嚴。兵部尙書鐸，謹厚有德量，以爲詹事，食尙書俸如故。」以鐸嘗請豫敎故也。其年，致仕。

二十六年起太子賓客，進太子少保。二十八年，龍州土官趙宗壽以奏鄭國公常茂死事不實，被召又不至，帝怒，命楊文統大軍往討，而命鐸招諭。鐸至，廉得茂實病死，宗壽亦伏罪來朝。乃詔文移兵征奉議諸州叛蠻，卽以鐸參議軍事。逾月，諸蠻平。鐸相度形勢，請設奉議衞及向武、河池、懷集、武仙、賀縣諸處守禦千戶所，鎭以官軍。皆報可。

鐸爲人長者，性愼密，不妄取予。帝以故舊遇之，嘗曰：「鐸自友及臣至今三十餘年，其與人交，不至變色，絕亦不出惡聲。」又曰：「都御史詹徽剛斷嫉惡，胥吏不得肆其貪，謗訕滿朝。唐鐸重厚，又謂懦而無爲。人心不古，有若是耶！」後徽卒坐罪誅死，而鐸恩遇不替。三十年七月卒於京師，年六十九。賻贈甚厚，命有司護其喪歸葬。

沈溍，字尚賢，錢塘人。與鐸同官兵部，以明敏稱。帝嘗以勳臣子弟多骫法，撰大誥二十二篇，諭天下武臣皆令誦習，使知儆惕。已，又以諭戒八條，頒示將士。時溍以試兵部侍郎掌部事，一切訓飭事宜，皆承旨行之。尋進尚書。廣西都司建譙樓，青州衞造軍器，皆擅科民財。溍請凡都司衞所營作，必都督府奏准，官給物料，毋擅役民，違者治罪，仍禁武臣預民事。時干戈甫息，武臣暴橫，數扞文法，至是始戢，溍力也。帝嘗諭致治之要，在進賢退不肖。溍因言：「君子常少，小人常多，在上風厲之耳，賢者舉而不仁者遠矣。」帝善其言。

二十三年以溍與工部尙書秦逵換官，賜誥奬諭。尋復舊任，後以事免。

明初，衞所世籍及軍卒勾補之法，皆溍所定。然名目瑣細，簿籍煩多，吏易爲奸，終明之世頗爲民患，而軍衞亦日益耗減，語詳兵志。潮州生陳質，父在戍籍。父沒，質被勾補，請歸卒業。帝命除其籍。溍以缺軍伍，持不可。帝曰：「國家得一卒易，得一士難。」遂除之。然此皆特恩云。

開濟，字來學，洛陽人。元末爲察罕帖木兒掌書記。洪武初，以明經舉。授河南府訓導，入爲國子助教。以疾罷歸。十五年七月，御史大夫安然薦濟有吏治才，召試刑部尙書，踰年實授。

濟以綜覈爲己任，請天下諸司設文簿，日書所行事，課得失，又各部勘合文移，立程限，定功罪。又言，軍民以細故犯罪者，宜卽決遣。數月間，滯牘一淸。帝大以爲能。會都御史趙仁言，曩者以「賢良方正」、「孝弟力田」諸科所取士列置郡縣，多不舉職，宜覈其去留。濟條議，以「經明行修」爲一科，「工習文詞」爲一科，「通曉書義」爲一科，「人品俊秀」爲一科，「練達治理」爲一科，「言有條理」爲一科，六科備者爲上，三科以上爲中，不及三科者爲下。從之。

濟敏慧有才辯，凡國家經制、田賦、獄訟、工役、河渠事，衆莫能裁定，濟一算畫，即有條理品式，可爲世守。以故帝甚信任，數備顧問，兼預他部事。人以是忌之，謗議滋起。然濟亦深刻，好以法中傷人。嘗奉命定詐僞律。濟議法巧密。帝曰：「張密網以羅民，可乎？」又設籍曰「寅戌之書」，以程僚屬出入。帝切責曰：「古人以卯酉爲常，今使趨事者朝寅暮戌，奉父母，會妻子，幾何時耶！」又爲榜戒其僚屬，請揭文華殿。帝曰：「告誡僚屬之言，欲張殿廷，豈人臣禮。」濟慚謝。

尋令郎中仇衍脫囚死，爲獄官所發。濟與侍郎王希哲、主事王叔徵執獄官斃之。其年十二月，御史陶垕仲等發其事。且言「濟奏事時，置奏劄懷中，或隱而不言，覘伺上意，務爲兩端，奸狡莫測。役甥女爲婢。妹早寡，逐其姑而略其家財。」帝怒，下濟獄，併希哲、衍等皆棄市。

贊曰：六部之制仿於周官，所以佐王理邦國，熙庶績，任至重也。明興，建官分職，立法秩然。又三途用人，求賢彌廣。若陳修、滕毅之典銓法，楊思義、范敏之治賦役，周禎之定律令，單安仁之領將作，以至沈溍、開濟輩之所經畫，皆委曲詳備，細大不遺。考其規模，固一代政治之權輿者歟。

校勘記

〔一〕周禎　禎，原作「楨」，據明史稿傳二一周禎傳、太祖實錄卷三二洪武元年十一月癸丑條、國朝獻徵錄卷四四周禎傳改。下同。

〔二〕選吏科庶吉士　明史稿傳二一楊靖傳、國朝獻徵錄卷四四楊公靖傳都作「選庶吉士，試事吏科」，語較明晰。

〔三〕授京畿都漕運使　漕運使，原作「轉運使」。按明史稿傳二一薛祥傳、明書卷一〇一薛祥傳都作「漕運使」。太祖實錄卷三一洪武元年十月己丑條，「置京畿都漕運司」，「以龔普、薛祥爲漕運使」。據改。

明史卷一百三十九

列傳第二十七

錢唐 程徐　韓宜可 周觀政 歐陽韶　蕭岐 門克新　馮堅

茹太素 曾秉正　李仕魯 陳汶輝　葉伯巨　鄭士利 方徵

周敬心　王朴

錢唐，字惟明，象山人。博學敦行。洪武元年舉明經。對策稱旨，特授刑部尚書。二年詔孔廟春秋釋奠，止行於曲阜，天下不必通祀。唐伏闕上疏言：「孔子垂教萬世，天下共尊其教，故天下得通祀孔子，報本之禮不可廢。」侍郎程徐亦疏言：「古今祀典，獨社稷、三皇與孔子通祀。天下民非社稷、三皇則無以生，非孔子之道則無以立。堯、舜、禹、湯、文、武、周公，皆聖人也，然發揮三綱五常之道，載之於經，儀範百王，師表萬世，使世愈降而人極不墜者，孔子力也。孔子以道設敎，天下祀之，非祀其人，祀其敎也，祀其道也。今使天下之人，讀其書，由其敎，行其道，而不得舉其祀，非所以維人心扶世敎也。」皆不聽。久之，乃用其言。帝嘗覽孟子，至「草芥」「寇讎」語，謂非臣子所宜言，議罷其配享，詔有諫者以大不敬論。唐抗疏入諫曰：「臣爲孟軻死，死有餘榮。」時廷臣無不爲唐危。帝鑒其誠懇，不之罪。孟子配享亦旋復。然卒命儒臣修孟子節文云。

唐爲人强直。嘗詔講虞書，唐陛立而講。或糾唐草野不知君臣禮，唐正色曰：「以古聖帝之道陳於陛下，不跪不爲倨。」又嘗諫宮中不宜揭武后圖。忤旨，待罪午門外竟日。帝意解，賜之食，卽命撤圖。未幾，謫壽州，卒。

程徐，字仲能，鄞人。元名儒端學子也。至正中，以明春秋知名。歷官兵部尙書，致仕。明兵入元都，妻金抱二歲兒與女瓊赴井死。洪武二年偕危素等自北平至京。授刑部侍郎，進尙書，卒。徐精勤通敏，工詩文，有集傳於世。

韓宜可，字伯時，浙江山陰人。元至正中，行御史臺辟爲掾，不就。洪武初，薦授山陰敎諭，轉楚府錄事。尋擢監察御史，彈劾不避權貴。時丞相胡惟庸、御史大夫陳寧、中丞涂節方有寵於帝，嘗侍坐，從容燕語。宜可直前，出懷中彈文，劾三人險惡似忠，奸佞似直，恃功怙寵，內懷反側，擢置臺端，擅作威福，乞斬其首以謝天下。帝怒曰：「快口御史，敢排陷大臣耶！」命下錦衣衞獄，〔一〕尋釋之。

九年出爲陝西按察司僉事。時官吏有罪者，笞以上悉謫屯鳳陽，至萬數。宜可疏爭之曰：「刑以禁淫慝，一民軌，宜論其情之輕重，事之公私，罪之大小。今悉令謫屯，此小人之幸，君子殆矣，乞分別以協衆心。」帝可之。已，入朝京師。會賜諸司沒官男女，宜可獨不受。且極論：「罪人不孥，古之制也。有事隨坐，法之濫也。況男女，人之大倫，婚姻踰時，尙傷和氣。合門連坐，豈聖朝所宜。」帝是其言。後坐事將刑，御謹身殿親鞫之，獲免。復疏陳二十餘事，皆報可。未幾，罷歸。已，復徵至，命撰祀鍾山、大江文，諭日本、征烏蠻詔，皆稱旨，特授山西右布政使。尋以事安置雲南。惠帝卽位，用檢討陳性善薦，起雲南參政，入拜左副都御史，卒於官。是夜大星隕，櫪馬皆驚嘶，人謂宜可當之云。

帝之建御史臺也，諸御史以敢言著者，自宜可外，則稱周觀政。

觀政亦山陰人。以薦授九江敎授，擢監察御史。嘗監奉天門。有中使將女樂入，觀政止之。中使曰：「有命。」觀政執不聽。中使慍而入，頃之出報曰：「御史且休，女樂已罷不用。」觀政又拒曰：「必面奉詔。」已而帝親出宮，謂之曰：「宮中音樂廢缺，欲使內家肄習耳。朕已悔之，御史言是也。」左右無不驚異者。觀政累官江西按察使。

前觀政者，有歐陽韶，字子韶，永新人。薦授監察御史。有詔，日命兩御史侍班。韶嘗侍直，帝乘怒將戮人。他御史不敢言，韶趨跪殿廷下，倉卒不能措詞，急捧手加額，呼曰：「陛下不可。」帝察韶朴誠，從之。未幾，致仕，卒於家。

蕭岐，字尚仁，泰和人。五歲而孤，事祖父母以孝聞，有司屢舉不赴。洪武十七年詔徵賢良，强起之。上十便書，大意謂帝刑罰過中，訐告風熾，請禁止實封以杜誣罔，依律科獄以信詔令，凡萬餘言。召見，授潭王府長史。力辭，忤旨，謫雲南楚雄訓導。岐卽日行，遣騎追還。歲餘，改授陝西平涼，再歲致仕。復召與錢宰等考定書傳，賜幣鈔，給驛歸。嘗輯五經要義，又取刑統八韻賦，引律令爲之解，合爲一集。嘗曰：「天下之理本一，出乎道必入乎刑。吾合二書，使觀者有所省也。」學者稱正固先生。

當是時，太祖治尙剛嚴，中外凜凜，奉法救過不給，而岐所上書過切直，帝不爲忤。厥後以言被超擢者，有門克新。

克新，鞏昌人。泰州教諭也。二十六年，秩滿來朝。召問經史及政治得失。克新直言無隱。授贊善。時紹興王俊華以善文辭，亦授是職。上諭吏部曰：「左克新，右俊華，重直言也。」初，教官給由至京，帝詢民疾苦。岢嵐吳從權、山陰張桓皆言臣職在訓士，民事無所與。」帝怒曰：「宋胡瑗爲蘇、湖教授，其教兼經義治事。漢賈誼、董仲舒皆起田里，敷陳時務。唐馬周不得親見太宗，且教武臣言事。今既集朝堂，朕親詢問，俱無以對，志聖賢之道者固如是乎！」命竄之邊方，且榜諭天下學校，使爲鑒戒。至是克新以亮直見重。不數年，擢禮部尚書。尋引疾，命太醫給藥物，不輟其俸。及卒，命有司護喪歸葬。

馮堅，不知何許人，爲南豐典史。洪武二十四年上書言九事。〔三〕一曰養聖躬。請清心省事，不與細務，以爲民社之福。二曰擇老成。諸王年方壯盛，左右輔導，願擇取老成之臣出爲王官，使得直言正色以圖匡救。三曰攘要荒。請務農講武，屯戍邊圉，以備不虞。四曰勵有司。請得廉正有守之士，任以方面，旌別屬吏，具實以聞而黜陟之，使人勇於自治。

五曰褒祀典。請敕有司採歷代忠烈諸臣，追加封謚，俾末俗有所興勸。六曰省宦寺。晨夕密邇，其言易入，養成禍患而不自知。請裁去冗員，可杜異日陵替之弊。七曰易邊將。假以兵柄，久在邊圉，多致縱佚。請時遷歲調，不使久居其任。不惟保全勳臣，實可防將驕卒惰，內輕外重之漸。八曰訪吏治。廉幹之才，或爲上官所忌，僚吏所嫉，上不加察，非激勸之道。請廣布耳目，訪察廉貪，以明黜陟。九曰增關防。諸司以帖委胥吏，俾督所部，輒加箠楚，害及於民。請增置勘合以付諸司，聽其塡寫差遣，事訖繳報，庶所司不輕發以病民，而庶務亦不致曠廢。書奏，帝嘉之，稱其知時務，達事變。又謂侍臣曰：「堅言惟調易邊將則未然。邊將數易，則兵力勇怯，敵情出沒，山川形勝，無以備知。倘得趙充國、班超者，又何取數易爲哉！」乃命吏部擢堅左僉都御史，在院頗持大體。其明年，卒於任。

茹太素，澤州人。洪武三年鄉舉，上書稱旨，授監察御史。六年擢四川按察使，以平允稱。七年五月召爲刑部侍郞，上言：「自中書省內外百司，聽御史、按察使檢舉，而御史臺未有定考，宜令守院御史一體察核。磨勘司官吏數少，難以檢覈天下錢糧，請增置若干員，各分爲科。在外省衞，凡會議軍民事，各不相合，致稽延，請用按察司一員糾正。」帝皆從之。

明年，坐累降刑部主事，陳時務累萬言。太祖令中書郎王敏誦而聽之。中言才能之士，數年來幸存者百無一二，今所任率迂儒俗吏。言多忤觸。帝怒，召太素面詰，杖於朝。次夕，復於宮中令人誦之，得其可行者四事，慨然曰：「爲君難，爲臣不易。朕所以求直言，欲其切於情事。文詞太多，便至熒聽。太素所陳，五百餘言可盡耳。」因令中書定奏對式，俾陳得失者無繁文。摘太素疏中可行者下所司，帝自序其首，頒示中外。

十年，與同官曾秉正先後同出爲參政，而太素往浙江。尋以侍親賜還里。十六年召爲刑部試郎中。居一月，遷都察院僉都御史，復降翰林院檢討。十八年九月擢戶部尚書。太素抗直不屈，屢瀕於罪，帝時宥之。一日，宴便殿，賜之酒曰：「金盃同汝飲，白刃不相饒。」太素叩首，卽續韻對曰：「丹誠圖報國，不避聖心焦。」帝爲惻然。未幾，謫御史，復坐排陷詹徽，與同官十二人俱鐐足治事。後竟坐法死。

曾秉正，南昌人。洪武初，薦授海州學正。九年，以天變詔羣臣言事。秉正上疏數千言，大略曰：「古之聖君不以天無災異爲喜，惟以祇懼天譴爲心。陛下聖文神武，統一天下，天之付與，可謂盛矣。兵動二十餘年，始得休息。天之有心於太平，亦已久矣，民之思治亦切矣。創業與守成之政，大抵不同。開創之初，則行富國强兵之術，用趨事赴功之人。大統既立，邦勢已固，則普天之下，水土所生，人力所成，皆邦家倉庫之積，乳哺之童，垂白之叟，皆邦家休養之人。不患不富庶，惟保成業於永久爲難耳。於此之時，當盡革向之所爲，何者足應天心，何者足慰民望，感應之理，其效甚速。」又言天旣有警，則變不虛生。極論大昜、春秋之旨。帝嘉之，召爲思文監丞。未幾，改刑部主事。十年擢陝西參政。會初置通政司，卽以秉正爲使。在位數言事，帝頗優容之。尋竟以忤旨罷。貧不能歸，鬻其四歲女。帝聞大怒，置腐刑，不知所終。

李仕魯，字宗孔，濮人。少穎敏篤學，足不窺戶外者三年。聞鄱陽朱公遷得宋朱熹之傳，往從之遊，盡受其學。太祖故知仕魯名，洪武中，詔求能爲朱氏學者，有司舉仕魯。入見，太祖喜曰：「吾求子久，何相見晚也。」除黃州同知，曰：「朕姑以民事試子，行召子矣。」期年，治行聞。十四年，命爲大理寺卿。

帝自踐阼後，頗好釋氏敎，詔徵東南戒德僧，數建法會於蔣山，應對稱旨者輒賜金襴袈裟衣，召入禁中，賜坐與講論。吳印、華克勤之屬，皆拔擢至大官，時時寄以耳目。由是其徒橫甚，讒毀大臣。舉朝莫敢言，惟仕魯與給事中陳汶輝相繼爭之。汶輝疏言：「古帝王以來，未聞縉紳緇流，雜居同事，可以相濟者也。今勳舊耆德咸思辭祿去位，而緇流憸夫乃益以讒間。如劉基、徐達之見猜，李善長、周德興之被謗，視蕭何、韓信，其危疑相去幾何哉？伏望陛下於股肱心膂，悉取德行文章之彥，則太平可立致矣。」帝不聽。諸僧怙寵者，遂請爲釋氏創立職官。於是以先所置善世院爲僧錄司，設左右善世、左右闡敎、左右講經覺義等官，皆高其品秩。道敎亦然。度僧尼道士至踰數萬。

仕魯疏言：「陛下方創業，凡意指所向，卽示子孫萬世法程，奈何捨聖學而崇異端乎！」章數十上，亦不聽。

仕魯性剛介，由儒術起，方欲推明朱氏學，以闢佛自任。及言不見用，遽請於帝前曰：「陛下深溺其敎，無惑乎臣言之不入也。還陛下笏，乞賜骸骨，歸田里。」遂置笏於地。帝大怒，命武士捽搏之，立死階下。

陳汶輝，字耿光，詔安人。以薦授禮科給事中，累官至大理寺少卿，數言得失，皆切直。最後忤旨，懼罪，投金水橋下死。

仕魯與汶輝死數歲，帝漸知諸僧所爲多不法，有詔清理釋道二敎云。

葉伯巨，字居升，寧海人。通經術。以國子生授平遙訓導。洪武九年星變，詔求直言。伯巨上書，略曰：

臣觀當今之事，太過者三：分封太侈也，用刑太繁也，求治太速也。

先王之制，大都不過三國之一，上下等差，各有定分，所以强幹弱枝，遏亂源而崇治本耳。今裂土分封，使諸王各有分地，蓋懲宋、元孤立，宗室不競之弊。而秦、晉、燕、齊、梁、楚、吳、蜀諸國，無不連邑數十，城郭宮室亞於天子之都，優之以甲兵衞士之盛。臣恐數世之後，尾大不掉，然後削其地而奪之權，則必生觖望，甚者緣間而起，防之無及矣。議者曰，諸王皆天子骨肉，分地雖廣，立法雖侈，豈有抗衡之理？臣竊以爲不然。何不觀於漢、晉之事乎？孝景，高帝之孫也，七國諸王，皆景帝之同祖父兄弟子孫也，一削其地，則遽構兵西向。晉之諸王，皆武帝親子孫也，易世之後，迭相攻伐，遂成劉、石之患。由此言之，分封踰制，禍患立生，援古証今，昭昭然矣。此臣所以爲太過者也。昔賈誼勸漢文帝，盡分諸國之地，空置之以待諸王子孫。向使文帝早從誼言，則必無七國之禍。願及諸王未之國之先，節其都邑之制，減其衞兵，限其疆理，亦以待封諸王之子孫。此制一定，然後諸王有賢且才者入爲輔相。其餘世爲藩屏，與國同休。割一時之恩，制萬世之利，消天變而安社稷，莫先於此。

臣又觀歷代開國之君，未有不以任德結民心，以任刑失民心者。國祚長短，悉由於此。古者之斷死刑也，天子撤樂減膳，誠以天生斯民，立之司牧，固欲其並生，非欲其卽死。不幸有不率教者入於其中，則不得已而授之以刑耳。議者曰，宋、元中葉，專事姑息，賞罰無章，以致亡滅。主上痛懲其弊，故制不宥之刑，權神變之法，使人知懼而莫測其端也。臣又以爲不然。開基之主垂範百世，一動一靜，必使子孫有所持守。況刑者，民之司命，可不愼歟！夫笞、杖、徒、流、死，今之五刑也。用此五刑，旣無假貸，一出乎大公至正可也。而用刑之際，多裁自聖衷，遂使治獄之吏務趨求意旨，深刻者多功，平反者得罪，欲求治獄之平，豈易得哉！近者特旨，雜犯死罪免死充軍，又删定舊律諸則，減宥有差矣。然未聞有戒敕治獄者務從平恕之條，是以法司猶循故例。雖聞寬宥之名，未見寬宥之實。所謂實者，誠在主上，不在臣下也。故必有罪疑惟輕之意，而後好生之德洽於民心，此非可以淺淺期也。

何以明其然也。古之爲士者，以登仕爲榮，以罷職爲辱。今之爲士者，以溷跡無聞爲福，以受玷不錄爲幸，以屯田工役爲必獲之罪，以鞭笞捶楚爲尋常之辱。其始也，朝廷取天下之士，網羅捃摭，務無餘逸，有司敦迫上道，如捕重囚。比到京師，而除官多以貌選，所學或非其所用，所用或非其所學。洎乎居官，一有差跌，苟免誅戮，則必在屯田工役之科。率是爲常，不少顧惜，此豈陛下所樂爲哉？誠欲人之懼而不敢犯也。竊見數年以來，誅殺亦可謂不少矣，而犯者相踵。良由激勸不明，善惡無別，議賢議能之法既廢，人不自勵，而爲善者怠也。有人於此，廉如夷、齊，智如良、平，少戾於法，上將錄長棄短而用之乎？將舍其所長、苛其所短而置之法乎？苟取其長而舍其短，則中庸之材爭自奮於廉智。倘苛其短而棄其長，則爲善之人皆曰某廉若是，某智若是，朝廷不少貸之，吾屬何所容其身乎！致使朝不謀夕，棄其廉恥，或事掊克，以備屯田工役之資者，率皆是也。若是非用刑之煩者乎？漢嘗徙大族於山陵矣，未聞實之以罪人也。今鳳陽皇陵所在，龍興之地，而率以罪人居之，怨嗟愁苦之聲充斥園邑，殆非所以恭承宗廟意也。

且夫强敵在前，則揚精鼓銳，攻之必克，擒之必獲，可也。今賊突竄山谷，以計求之，庶或可得。顧勞重兵，彼方驚散，入不可蹤跡之地。捕之數年，旣無其方，而乃歸咎於新附戶籍之細民，而遷徙之。騷動數千里之地，室家不得休居，雞犬不得寧息。況新附之衆，向者流移他所，朝廷許其復業。今附籍矣，而又復遷徙，是法不信於民也。夫戶口盛而後田野闢，賦稅增。今責守令年增戶口，正爲是也。近者已納稅糧之家，雖承旨分釋還家，而其心猶不自安。已起戶口，雖蒙憐恤，而猶見留開封祗候，訛言驚動，不知所出。況太原諸郡，外界邊境，民心如此，甚非安邊之計也。臣願自今朝廷宜存大體，赦小過，明詔天下，修舉「八議」之法，嚴禁深刻之吏。斷獄平允者超遷之，殘酷裒斂者罷黜之。鳳陽屯田之制，見在居屯者，聽其耕種起科。已起戶口、見留開封者，悉放復業。如此則足以隆好生之德，樹國祚長久之福，而兆民自安，天變自消矣。

昔者周自文、武至於成、康，而教化大行，漢自高帝至於文、景，而始稱富庶。蓋天下之治亂，氣化之轉移，人心之趨向，非一朝一夕故也。今國家紀元，九年於茲，偃兵息民，天下大定，紀綱大正，法令修明，可謂治矣。而陛下切切以民俗澆漓，人不知懼，法出而奸生，令下而詐起。故或朝信而暮猜者有之，昨日所進，今日被戮者有之。乃至令下而尋改，已赦而復收，天下臣民莫之適從。臣愚謂天下之趨於治，猶堅冰之泮也。冰之泮，非太陽所能驟致，陽氣發生，土脈微動，然後得以融釋。聖人之治天下，亦猶是也。刑以威之，禮以導之，漸民以仁，摩民以義，而後其化熙熙。孔子曰：「如有王者，必世而後仁。」此非空言也。

求治之道，莫先於正風俗。正風俗之道，莫先於守令知所務。使守令知所務，莫先於風憲知所重。使風憲知所重，莫先於朝廷知所尙。古郡守縣令，以正率下，以善導民，使化成俗美。征賦期會獄訟簿書，固其末也。今之守令以戶口錢糧獄訟爲急務，至於農桑學校，王政之本，乃視爲虛文而置之，將何以教養斯民哉？以農桑言之，方春州縣下一白帖，里甲回申文狀而已，守令未嘗親視種藝次第、旱澇戒備之道也。以學校言之，廩膳諸生，國家資之以取人才之地也。今四方師生，缺員甚多，縱使具員，守令亦鮮有以禮讓之實，作其成器者。朝廷切切於社學，屢行取勘師生姓名，所習課業。乃今社鎭城郭，或但置立門牌，遠村僻處則又徒存其名，守令不過具文案，備照刷而已。上官分部按臨，亦但循習故常，依紙上照刷，未嘗巡行點視也。興廢之實，上下視爲虛文。小民不知孝弟忠信爲何物，而禮義廉恥掃地矣。風紀之司，所以代朝廷宣導德化，訪察善惡。聽訟讞獄，其一事耳。今專以獄訟爲要。忠臣孝子義夫節婦，視爲末節而不暇舉，所謂宣導風化者安在哉？其始但知以去一贓吏、決一獄訟爲治，而不知勸民成俗，使民遷善遠罪，乃治之大者。此守令風憲未審輕重之失也。

王制論鄉秀士升於司徒曰選士，司徒論其秀士而升於太學曰俊士，大樂正又論造士之秀升之司馬曰進士，司馬辨論官材，論定然後官之，任官然後爵之。其考之之詳若此，故成周得人爲盛。今使天下諸生考於禮部，升於太學，歷練衆職，任之以事，可以洗歷代舉選之陋，上法成周。然而升於太學者，或未數月，遽選入官，間或委以民社。臣恐其人未諳時務，未熟朝廷禮法，不能宣導德化，上乖國政，而下困黎民也。開國以來，選舉秀才不爲不多，所任名位不爲不重，自今數之，在者有幾？臣恐後之視今，亦猶今之視昔，昔年所舉之人，豈不深可痛惜乎！凡此皆臣所爲求治太速之過也。

昔者宋有天下蓋三百餘年。其始以禮義教其民，當其盛時，閭閻里巷皆有忠厚之風，至於恥言人之過失。洎乎末年，忠臣義士視死如歸，婦人女子羞被汚辱，此皆教化之效也。元之有國，其本不立，犯禮義之分，壞廉恥之防。不數十年，棄城降敵者不可勝數。雖老儒碩臣甘心屈辱，此禮義廉恥不振之弊。遺風流俗至今未革，深可怪也。臣謂莫若敦仁義，尙廉恥，守令則責其以農桑學校爲急，風憲則責其先教化、審法律，以平獄緩刑爲急。如此則德澤下流，求治之道庶幾得矣。郡邑諸生升於太學者，須令在學肄業，或三年，或五年，精通一經，兼習一藝，然後入選，或宿衞，或辦事，以觀公卿大夫之能，而後任之以政，則其學識兼懋，庶無敗事。且使知祿位皆天之祿位，而可以塞覬覦之心也。治道既得，陛下端拱穆淸，待以歲月，則陰陽調而風雨時，諸福吉祥莫不畢至，尙何天變之不消哉？

書上，帝大怒曰：「小子間吾骨肉，速逮來，吾手射之。」既至，丞相乘帝喜以奏，下刑部獄，死獄中。

先是，伯巨將上書，語其友曰：「今天下惟三事可患耳，其二事易見而患遲，其一事難見而患速。縱無明詔，吾猶將言之，況求言乎。」其意蓋謂分封也。然是時諸王止建藩號，未曾裂土，不盡如伯巨所言。迨洪武末年，燕王屢奉命出塞，勢始强。後因削奪稱兵，遂有天下，人乃以伯巨爲先見云。

鄭士利，字好義，寧海人。兄士元，剛直有才學，由進士歷官湖廣按察使僉事。荆、襄卒乘亂掠婦女，吏不敢問，士元立言於將領還所掠。安陸有冤獄，御史臺已讞上，士元奏其冤，得白。會考校錢穀册書，空印事覺，凡主印者論死，佐貳以下榜一百，戍遠方。士元亦坐是繫獄。

時帝方盛怒，以爲欺罔，丞相御史莫敢諫。士利歎曰：「上不知，以空印爲大罪。誠得人言之，上聖明，寧有不悟。」會星變求言。士利曰「可矣」。既而讀詔，有假公言私者罪。士利曰：「吾所欲言，爲天子殺無罪者耳。吾兄非主印者，固當出。需吾兄杖出乃言，即死不恨。」

士元出，士利乃爲書數千言，言數事，而於空印事尤詳。曰：「陛下欲深罪空印者，恐奸吏得挾空印紙，爲文移以虐民耳。夫文移必完印乃可。今考較書策，乃合兩縫印，非一印一紙比。縱得之，亦不能行，況不可得乎？錢穀之數，府必合省，省必合部，數難懸決，至部乃定。省府去部遠者六七千里，近亦三四千里，冊成而後用印，往返非期年不可。以故先印而後書，此權宜之務，所從來久，何足深罪。且國家立法，必先明示天下而後罪犯法者，以其故犯也。自立國至今，未嘗有空印之律。有司相承，不知其罪。今一旦誅之，何以使受誅者無詞。朝廷求賢士，置庶位，得之甚難。位至郡守，皆數十年所成就。通達廉明之士，非如草菅然，可刈而復生也。陛下奈何以不足罪之罪，而壞足用之材乎？臣竊爲陛下惜之。」

書成，閉門逆旅泣數日。兄子問曰：「叔何所苦？」士利曰：「吾有書欲上，觸天子怒必受禍。然殺我生數百人，我何所恨。」遂入奏。帝覽書，大怒，下丞相御史雜問，究使者。士利笑曰：「顧吾書足用否耳。吾業爲國家言事，自分必死，誰爲我謀？」獄具，與士元皆輸作江浦，而空印者竟多不免。

方徵，字可久，莆田人。以鄉舉授給事中。嘗侍遊後苑，與聯詩句。太祖知其有母在，賜白金，馳驛歸省。還改監察御史，出爲懷慶知府。徵志節甚偉，遇事敢直言。居郡時，因星變求言，疏言：「風憲官以激濁揚清爲職。今不聞旌廉拔能，專務羅織人罪，多徵贓罰，此大患也。朝廷賞罰明信，乃能勸懲。去年各行省官吏以用空印罹重罪，而河南參政安然、山東參政朱芾俱有空印，反遷布政使，何以示勸懲？」帝問羅織及多徵贓罰者爲誰。徵指河南僉事彭京以對。貶沁陽驛丞。十三年，以事逮至京，卒。

周敬心，山東人，太學生也。洪武二十五年詔求曉曆數者，敬心上疏極諫，且及時政數事。略曰：

臣聞國祚長短，在德厚薄，不在曆數。三代尚矣，三代而下，最久莫如漢、唐、宋，最短莫如秦、隋、五代，其久也以有道，其短也以無道。陛下膺天眷命，救亂誅暴，然神武威斷則有餘，寬大忠厚則不足。陛下若效兩漢之寬大，唐、宋之忠厚，講三代所以有道之長，則帝王之祚可傳萬世，何必問諸小道之人耶？

臣又聞陛下連年遠征，北出沙漠，爲恥不得傳國璽耳。昔楚平王時，琢卞和之玉，至秦始名爲璽，歷代遞嬗以訖後唐。治亂興廢，皆不在此。石敬瑭亂，潞王攜以自焚，則秦璽固已毀矣。敬瑭入洛，更以玉製，晉亡入遼，遼亡遺於桑乾河。元世祖時，札剌爾者漁而得之。今元人所挾，石氏璽耳。昔者三代不知有璽，仁爲之璽，故曰「聖人大寶曰位，何以守位曰仁。」陛下奈何忽天下之大璽，而求漢、唐、宋之小璽也？

方今力役過煩，賦斂過厚，教化溥而民不悅，法度嚴而民不從。昔汲黯言於武帝曰：「陛下內多欲而外施仁義，奈何欲效唐、虞之治乎？」方今國則願富，兵則願强，城池則願高深，宮室則願壯麗，土地則願廣，人民則願衆。於是多取軍卒，廣籍資財，征伐不休，營造無極，如之何其可治也。臣又見洪武四年錄天下官吏，十三年連坐胡黨，十九年逮官吏積年爲民害者，二十三年罪妄言者。大戮官民，不分臧否。其中豈無忠臣烈士善人君子？於茲見陛下之薄德而任刑矣。水旱連年，夫豈無故哉！」言皆激切。報聞。

王朴，同州人。洪武十八年進士。本名權，帝爲改焉。除吏科給事中，以直諫忤旨罷。旋起御史，陳時事千餘言。性鯁直，數與帝辨是非，不肯屈。一日，遇事爭之强。帝怒，命戮之。及市，召還，諭之曰：「汝其改乎？」朴對曰：「陛下不以臣爲不肖，擢官御史，奈何摧辱至此！使臣無罪，安得戮之？有罪，又安用生之？臣今日願速死耳。」帝大怒，趣命行刑。

過史館，大呼曰：「學士劉三吾志之：某年月日，皇帝殺無罪御史朴也！」竟戮死。帝撰大誥，謂朴誹謗，猶列其名。

有張衡者，萬安人，朴同年進士。授禮科給事中。奏疏剴切。擢禮部侍郎。以清慎見褒，載於大誥。後亦以言事坐死。

贊曰：太祖英武威斷，廷臣奏對，往往失辭。而錢唐、韓宜可、李仕魯輩，抱其朴誠，力諍於堂陛間，可謂古之遺直矣。伯巨、敬心以縫掖諸生言天下至計，雖違於信而後諫之義，然原厥本心，由於忠愛，以視末季沽名賣直之流，有不可同日而語者也。

校勘記

〔一〕命下錦衣衛獄　按本書卷七六職官志，洪武十五年罷儀鸞司，改置錦衣衛。此言洪武九年以前事，不應遽稱錦衣衛。明書卷一一六作「下獄」。「錦衣衛」三字應是衍文。

〔二〕洪武二十四年上書言九事　原脫「洪武」，據明史稿傳二四馮堅傳、太祖實錄卷二一三洪武二十四年十月乙丑條補。

明史卷一百四十

列傳第二十八

魏觀 陶垕仲 王佑 劉仕貆 王溥 徐均 王宗顯 王興宗
呂文燧 王興福 蘇恭讓 趙庭蘭 王觀 楊卓 羅性 道同 歐陽銘
盧熙 兄熊 王士弘 倪孟賢 郎敏 靑文勝

魏觀，字杞山，蒲圻人。元季隱居蒲山。太祖下武昌，聘授國子助教，再遷浙江按察司僉事。吳元年遷兩淮都轉運使，入爲起居注。奉命偕吳琳以幣帛求遺賢於四方。洪武元年建大本堂，命侍太子說書，及授諸王經。未幾，又命偕文原吉、詹同、吳輔、趙壽等分行天下，訪求遺才，所舉多擢用。三年轉太常卿，考訂諸祀典。稱旨，改侍讀學士，尋遷祭酒。明年坐考祀孔子禮不以時奏，謫知龍南縣，旋召爲禮部主事。

五年，廷臣薦觀才，出知蘇州府。前守陳寧苛刻，人呼陳烙鐵。觀盡改寧所爲，以明教化、正風俗爲治。建黌舍，聘周南老、王行、徐用誠，與教授貢潁之定學儀，王彝、高啓、張羽訂經史，耆民周壽誼、楊茂、林文友行鄉飲酒禮。政化大行，課績爲天下最。明年擢四川行省參知政事。未行，以部民乞留，命還任。

初，張士誠以蘇州舊治爲宮，遷府治於都水行司。觀以其地湫隘，還治舊基。又濬錦帆涇，興水利。或譖觀興旣滅之基。帝使御史張度廉其事，遂被誅。帝亦尋悔，命歸葬。

陶垕仲，名鑄，以字行，鄞人。洪武十六年，以國子生擢監察御史。糾彈不避權貴，劾刑部尙書開濟至死，直聲動天下。未幾，擢福建按察使，誅贓吏數十人，興學勸士，撫恤軍民。帝下詔褒異。布政使薛大方貪暴，垕仲劾奏之。大方辭相連，幷逮至京。訊實，坐大方罪，詔垕仲還官。垕仲言：「臣父昔爲方氏部曲，以故官例徙鳳陽。臣幼弱，依兄撫養，至於有成。今兄亦爲鳳陽軍吏。臣叨聖恩，備位司憲，欲推祿養報生育恩，使父母兄弟得復聚處，實戴聖天子孝治天下至意。」帝特許迎養，去徙籍。垕仲淸介自持，祿入悉以贍賓客。未幾，卒官。

時廣西僉事王佑，泰和人。按察使尋适嘗咨以政體。佑曰：「蠻方之人瀆倫傷化，不及此時明禮法，示勸懲，後難治。」适從之，廣西稱治。蜀平，徙佑知重慶州，招徠撫輯，甚得民和，坐事免官，卒。

劉仕貆，字伯貞，安福人。父閈，元末隱居不仕。仕貆少受父學。紅巾賊亂，掠其鄉，母張氏率羣婦女沉茨潭死。賊械仕貆，久之得釋。洪武初，以供役爲安福丞張禧所辱，仕貆憤，益力學。

十五年應「賢良」舉，對策稱旨，授廣東按察司僉事，分司瓊州。瓊俗善蠱。上官至，輒致所產珍貨爲贄。受則喜，不受則懼按治，蠱殺之，仕瓊者多爲所汙。仕貆廉且惠，輕徭理枉，大得民和。雖却其贄，夷人不忍害也。辱仕貆者張禧，適調丞瓊山，以屬吏謁，大慚怖。仕貆待之與他吏等。未幾，朝議省僉事官，例降東莞河泊使。渡河遇風，歿於水。同僚張仕祥葬之鴉磯。

後有王溥者，桂林人。洪武末爲廣東參政，亦以廉名。其弟自家來省，屬吏與同舟，贈以布袍。溥命還之，曰：「一衣雖微，不可不愼，此汙行辱身之漸也。」糧運由海道多漂沒。溥至庾嶺，相度形勢，命有司鑿石塡塹，修治橋梁，易以車運。民甚便之。居官數年，笥無重衣，庖無兼饌。以誣逮下詔獄，僚屬餽贐皆不受，曰：「吾豈以患難易其心哉！」事白得歸，卒。

時有徐均者，陽春主簿也。地僻，土豪得盤踞爲姦。邑長至，輒餌以厚賂，從而把持之。均至，吏白應往視莫大老。莫大老者，洞主也。均曰：「此非王民邪，不來且誅。」出雙劍示之。大老恐，入謁。均廉得其不法事，繫之獄。詰朝，以兩瓜及安石榴數枚爲饋，皆黃金美珠也。均不視，械送府。府官受賕縱之歸，復致前饋。均怒，欲捕治之，而府檄調均攝陽江，陽江大治。以憂去官。

王宗顯，和州人，僑居嚴州。胡大海克嚴，禮致幕中。太祖征婺州，大海以宗顯見，太祖曰：「我鄉里也。」命至婺覘敵。宗顯潛得城中虛實及諸將短長，還白太祖。太祖喜曰：「我得婺，以爾爲知府。」旣而元樞密同僉甯安慶與守將帖木烈思貳，遣都事縋城請降，開東門納兵，與宗顯所刺事合。改婺州爲寧越府，以宗顯知府事。宗顯故儒者，博涉經史，開郡學，聘葉儀、宋濂爲五經師，戴良爲學正，吳沉、徐源等爲訓導。自兵興，學校久廢，至是始聞絃誦聲。未幾，卒官。

太祖之下婺也，又以王興宗爲金華知縣。興宗，故隸人也，李善長、李文忠皆以爲不可。太祖曰：「興宗從我久，勤廉能斷，儒生法吏莫先也。」居三年，果以治行聞。遷判南昌，改知嵩州。時方籍民爲軍，興宗奏曰：「元末聚民爲兵，散則仍爲民。今軍民分矣，若籍爲軍，則無民，何所徵賦？」帝曰：「善。」遷懷慶知府。上計至京，帝以事詰諸郡守，至興宗，獨曰：「是守公勤不貪，不須問。」再遷蘇州，擢河南布政使。陛辭，帝曰：「久不見爾，老矣，我鬢亦白。」宴而遣之，益勤其職。後坐累得白，卒於官。

同時有呂文燧，字用明，永康人。元末盜起，文燧散家財，募壯士得三千人，與盜連戰，破走之。三授以官，皆不受。太祖定婺，置永康翼，以文燧爲左副元帥兼知縣事。尋召爲營田司經歷，擢知廬州府。浙西平，徙知嘉興。松江民作亂，寇嘉興，文燧栅內署，帥壯士拒守。李文忠援至，賊就擒，諸將因欲屠城。文燧曰：「作亂者賊也，民何罪？」力止之。滿三載，入朝。奉詔持節諭闍婆國，次興化，疾卒。明年，嘉興佐貳以下坐鹽法死者數十人，有司以文燧嘗署名公牘，請籍其家。帝曰：「文燧誠信，必不爲姦利，且沒於使事，可念也，勿籍。」

一時郡守以治行稱者，又有王興福、蘇恭讓二人。興福，隨人。初守徽州，有善政，遷杭州。杭初附，人心未安，興福善撫輯。民甚德之。秩滿當遷，郡人遮道攀留。興福諭遣之曰：「非余能惠父老，父老善守法耳。」太祖嘉之，擢吏部尙書。坐事左遷西安知府，卒官。恭讓，玉田人。舉「聰明正直」。任漢陽知府，爲治嚴明而不苛。有重役，輒詣上官反復陳說，多得減省。

而知漢陽縣者趙庭蘭，徐人，亦能愛民任事。朝廷嘗遣使徵陳氏散卒，他縣多以民丁應，庭蘭獨言縣無有。漢陽人言郡守則稱恭讓，言縣令則稱庭蘭云。

王觀，字尙賓，祥符人。性耿介，儀度英偉，善談論。由鄉薦入太學，擢知蘇州府，公廉有威。黠吏錢英屢陷長官，觀捶殺之。事聞，太祖遣行人齎敕褒之，勞以御酒。歲大侵，民多逋賦，部使者督甚急。觀置酒，延諸富人，勸貸貧民償，辭指誠懇，富人皆感動，逋賦以完。朝廷嘉其能，榜以勵天下。守蘇者前有季亨、魏觀，後有姚善、況鍾，皆賢，稱「姑蘇五太守」，並祀學宮。

楊卓，字自立，泰和人。洪武四年進士，授吏部主事。踰年，遷廣東行省員外郎。田家婦獨行山中，遇伐木卒，欲亂之。婦不從，被殺。官拷同役卒二十人，皆引服。卓曰：「卒人衆，必善惡異也，可盡抵罪乎？」列二十人庭下，熟視久之，指兩卒曰：「殺人者汝也。」兩卒大驚，服罪。坐事謫田鳳陽，復起爲杭州通判。有兄弟爭田者，累歲不決，卓至垂涕開諭，遂罷爭。卓精吏事，吏不能欺。而治平恕，民悅服焉。病免，卒。

卓同邑羅性，字子理。洪武初舉於鄉，授德安同知。有大盜久不獲，株連繫獄者數百人。性至郡，悉出所繫，約十日得賊卽盡貸。衆叩頭願盡力，七日果得。嘗治蔬圃，得窖鐵萬餘斤。會方賦鐵造軍器，民爭求售。性曰：「此天所以濟民也，吾何預焉。」悉以充賦。秩滿赴京，坐用棗木染軍衣，謫戍西安。性博學。時四方老師宿儒在西安者數十人，吳人鄒奕曰：「合吾輩所讀書，庶幾羅先生之半。」年七十卒。

道同，河間人。其先蒙古族也。事母以孝聞。洪武初，薦授太常司贊禮郎，出爲番禺知縣。番禺故號煩劇，而軍衞尤橫，數鞭辱縣中佐吏，前令率不能堪。同執法嚴，非理者一切抗弗從，民賴以少安。

未幾，永嘉侯朱亮祖至，數以威福撼同，同不爲動。土豪數十輩抑買市中珍貨，稍不快意，輒巧詆以罪。同械其魁通衢，諸豪家爭賄亮祖求免。亮祖置酒召同，從容言之。同厲聲曰：「公大臣，奈何受小人役使！」亮祖不能屈也。他日，亮祖破械脫之，借他事笞同。富民羅氏者，納女於亮祖，其兄弟因怙勢爲奸。同復按治，亮祖又奪之去。同積不平，條其事奏之。未至，亮祖先劾同訕傲無禮狀。帝不知其由，遂使使誅同。會同奏亦至，帝悟，以爲同職甚卑，而敢斥言大臣不法事，其人骨鯁可用，復使使宥之。兩使者同日抵番禺，後使者甫到，則同已死矣。縣民悼惜之，或刻木爲主祀於家，卜之輒驗，遂傳同爲神云。

當同未死時，布政使徐本雅重同。同方笞一醫未竟，而本急欲得醫，遣卒語同釋之。同岸然曰：「徐公乃亦效永嘉侯耶？」笞竟始遣。自是上官益嚴憚，然同竟用此取禍。

先是有歐陽銘者，亦嘗以事抗將軍常遇春。

銘，字日新，泰和人。以薦除江都縣丞。兵燹後，民死徙者十七八。銘招徠拊循，漸次復業。有繼母告子不孝者。呼至案前，委曲開譬，母子泣謝去，卒以慈孝稱。嘗治廨後隙地，得白金百兩，會部符徵漆，即市之以輸。

遷知臨淄，遇春師過其境，卒入民家取酒，相毆擊，一市盡譁。銘笞而遣之。卒訴令罵將軍，遇春詰之。曰：「卒，王師，民亦王民也。民毆且死，卒不當笞耶？銘雖愚，何至詈將軍。將軍大賢，奈何私一卒撓國法。」遇春意解，爲責軍士以謝。後大將軍徐達至，軍士相戒曰：「是健吏，曾抗常將軍者，毋犯也。」銘爲治廉靜平恕，暇輒進諸生講文藝，或單騎行田間，課耕穫，邑大治。秩滿入覲，卒。

盧熙，字公暨，崑山人。兄熊，字公武，爲兗州知府。時兵革甫定，會營魯王府，又濬河，大役並興。熊竭心調度，民以不擾。後坐累死。熙以薦授睢州同知，有惠愛，命行知府事。適御史奉命搜舊軍，睢民濫入伍者千人，檄熙追送。熙令民自實，得嘗隸尺籍者數人畀之。御史怒，繫曹吏，必盡得，不則以格詔論。同官皆懼。熙曰：「吾民牧也。民散，安用牧。」乃自詣御史曰：「州軍籍盡此矣。迫之，民且散，獨有同知在耳，請以充役。」御史怒斥去，堅立不動。已，知不能奪，乃罷去。後卒於官，貧不能喪，官爲具殮。喪歸，吏民挽哭者塞道，大雨，無一人却者。

又王士弘者，知寧海縣。靖海侯吳禎奉命收方氏故卒。〔一〕無賴子誣引平民，台、溫騷然。士弘上封事，辭極懇切。詔罷之，民賴以安。

倪孟賢，南昌人。知麗水縣。民有賣卜者，干富室不應，遂詣京告大姓陳公望等五十七人謀亂。命錦衣衞千戶周原往捕之。孟賢廉得實，謂僚屬曰：「朝廷命孟賢令是邑，忍坐視善良者橫被荼毒耶？」卽具疏聞。復令耆老四十人赴闕訴。下法司鞫實，論告密者如律。

又樂平奸民亦詣闕訴大姓五十餘家謀逆，饒州知州郞敏力爲奏辨。〔二〕詔誅奸民，而被誣者得盡釋。

青文勝，字質夫，夔州人。仕爲龍陽典史。龍陽瀕洞庭，歲罹水患，逋賦數十萬，敲扑死者相踵。文勝慨然詣闕上疏，爲民請命。再上，皆不報。歎曰：「何面目歸見父老！」復具疏，擊登聞鼓以進，遂自經於鼓下。帝聞大驚，憫其爲民殺身，詔寬龍陽租二萬四千餘石，定爲額。邑人建祠祀之。妻子貧不能歸，養以公田百畝。萬曆十四年詔有司春秋致祭，名其祠曰惠烈。

贊曰：太祖起閭右，稔墨吏爲民害，嘗以極刑處之。然每旌舉賢能，以示勸勉，不專任法也。嘗遣行人齎敕併鈔三十錠，內酒一尊，賜平陽知縣張礎。又建陽知縣郭伯泰、丞陸鎰，爲政不避權勢，遣使勞以酒醴，遷其官。丹徒知縣胡夢通、丞郭伯高，金壇丞李思進，坐事當逮，民詣闕，言多善政，帝並賜內尊，降敕褒勞。永州守余彥誠、齊東令鄭敏等十人坐事下獄，部民列政績以請，皆復官。宜春令沈昌等四人更擢郡守。其自下僚不次擢用者，寧遠尉王尚賢爲廣西參政，祥符丞鄒俊爲大理卿，靜寧州判元善爲僉都御史，芝陽令李行素爲刑部侍郎。至如懷寧丞陳希文、宜興簿王復春，先以善政擢，已知其貪肆，旋置重典。所以風厲激勸者甚至，以故其時吏治多可紀述云。

校勘記

〔一〕靖海侯吳禎奉命收方氏故卒　吳禎，原作「吳楨」，據本書卷一太祖紀、卷一〇五功臣世表、卷一三一吳禎傳，明史稿傳三六王士弘傳改。

〔二〕饒州知州郎敏力爲奏辨 饒州知州，太祖實錄卷一〇七洪武九年七月丁丑條作「饒州府知府」。按本書地理志卷四三饒州爲「府」而非「州」，疑作「饒州府知府」是。

明史卷一百四十一

列傳第二十九

齊泰　黃子澄　方孝孺　盧原質　鄭公智　林嘉猷　胡子昭　鄭居貞　劉政　方法　樓璉　練子寧　宋徵　葉希賢　茅大芳　周璿　卓敬　郭任　盧迥　陳迪　黃魁　巨敬　景清　連楹　胡閏　高翔　王度　戴德彝　謝昇　丁志方　甘霖　董鏞　陳繼之　韓永　葉福

齊泰，溧水人。初名德。洪武十七年舉應天鄉試第一。明年成進士。歷禮、兵二部主事。雷震謹身殿，太祖禱郊廟，擇歷官九年無過者陪祀，德與焉，賜名泰。二十八年以兵部郎中擢左侍郎。太祖嘗問邊將姓名，泰歷數無遺。又問諸圖籍，出袖中手册以進，簡要詳密，大奇之。

皇太孫素重泰。及卽位，命與黃子澄同參國政，尋進尙書。時遺詔諸王臨國中，毋奔喪，王國吏民聽朝廷節制。諸王謂泰矯皇考詔，間骨肉，皆不悅。先是，帝爲太孫時，諸王多尊屬，擁重兵，患之，至是因密議削藩。

建文元年，周、代、湘、齊、岷五王相繼以罪廢。七月，燕王舉兵反，師名「靖難」，指泰、子澄爲奸臣。事聞，泰請削燕屬籍，聲罪致討。或難之，泰曰：「明其爲賊，敵乃可克。」遂定議伐燕，布告天下。時太祖功臣存者甚少，乃拜長興侯耿炳文爲大將軍，帥師分道北伐，至眞定爲燕所敗。子澄薦曹國公李景隆代將，泰極言不可。子澄不聽，卒命景隆將。當是時，帝舉五十萬兵畀景隆，謂燕可旦夕滅。燕王顧大喜曰：「昔漢高止能將十萬。景隆何才，其衆適足爲吾資也。」是冬，景隆果敗，帝有懼色。會燕王上書極詆泰、子澄。帝乃解二人任以謝燕，而陰留之京師，仍參密議。景隆遺燕王書，言二人已竄，可息兵，燕王不聽。明年，盛庸捷東昌，帝告廟，命二人任職如故。及夾河之敗，復解二人官求罷兵，燕王曰：「此緩我也。」進益急。

始削藩議起，帝入泰、子澄言，謂以天下制一隅甚易。及屢敗，意中悔，是以進退失據。迨燕兵日逼，復召泰還。未至，京師已不守，泰走外郡謀興復。時購泰急。泰墨白馬走，行稍遠，汗出墨脫。或曰：「此齊尙書馬也。」遂被執赴京，同子澄、方孝孺不屈死。泰從兄弟敬宗等皆坐死，叔時永、陽彥等謫戍。子甫六歲，免死給配，仁宗時赦還。

黃子澄，名湜，以字行，分宜人。洪武十八年會試第一。由編修進修撰，伴讀東宮，累遷太常寺卿。

惠帝爲皇太孫時，嘗坐東角門謂子澄曰：「諸王尊屬擁重兵，多不法，奈何？」對曰：「諸王護衞兵，纔足自守，倘有變，臨以六師，其誰能支？漢七國非不强，卒底亡滅。大小强弱勢不同，而順逆之理異也。」太孫是其言。比卽位，命子澄兼翰林學士，與齊泰同參國政，謂曰：「先生憶昔東角門之言乎？」子澄頓首曰：「不敢忘。」退而與泰謀，泰欲先圖燕。子澄曰：「不然，周、齊、湘、代、岷諸王，在先帝時，尙多不法，削之有名。今欲問罪，宜先周。周王，燕之母弟，削周是剪燕手足也。」謀定，明日入白帝。

會有言周王橚不法者。遂命李景隆帥兵襲執之，詞連湘、代諸府。於是廢橚及岷王楩爲庶人，幽代王桂於大同，囚齊王榑於京師。湘王柏自焚死。下燕議周王罪。燕王上書申救。帝覽書惻然，謂事宜且止。子澄與泰爭之，未決，出相語曰：「今事勢如此，安可不斷？」明日又入言曰：「今所慮者獨燕王耳，宜因其稱病襲之。」帝猶豫曰：「朕卽位未久，連黜諸王，若又削燕，何以自解於天下？」子澄對曰：「先人者制人，毋爲人制。」帝曰：「燕王智勇善用兵，雖病，恐猝難圖。」乃止。於是命都督宋忠調緣邊官軍屯開平，選燕府護衛精壯隸忠麾下，召護衛胡騎指揮關童等入京，以弱燕。復調北平永清左、右衞官軍分駐彰德、順德，都督徐凱練兵臨清，耿瓛練兵山海關，以控制北平。皆泰、子澄謀也。時燕王憂懼，以三子皆在京師，稱病篤，乞三子歸。泰欲遂收之，子澄曰：「不若遣歸，示彼不疑，乃可襲而取也。」竟遣還。未幾，燕師起，王泣誓將吏曰：「陷害諸王，非由天子意，乃奸臣齊泰、黃子澄所爲也。」

始帝信任子澄與泰，驟事削藩。兩人本書生，兵事非其所長。當耿炳文之敗也，子澄謂勝敗常事，不足慮，因薦曹國公李景隆可大任。帝遂以景隆代炳文。而景隆益無能爲，連敗於鄭村壩、白溝河，喪失軍輜士馬數十萬。已，又敗於濟南城下。帝急召景隆還，赦不誅。子澄慟哭，請正其罪。帝不聽。子澄拊膺曰：「大事去矣，薦景隆誤國，萬死不足贖罪。」

及燕兵漸南，與齊泰同謫外，密令募兵。子澄微服由太湖至蘇州，與知府姚善倡義勤王。善上言：「子澄才足捍難，不宜棄閒遠以快敵人。」帝復召子澄，未至而京城陷。欲與善航海乞兵。善不可，乃就嘉興與楊任謀舉事，爲人告，俱被執。子澄至，成祖親詰之。抗辨不屈。磔死。族人無少長皆斬，姻黨悉戍邊。一子變姓名爲田經，遇赦，家湖廣咸寧。正德中，進士黃表其後云。

楊任，洪武中由人材起家，歷官袁州知府。時致仕，匿子澄於家，亦磔死。二子禮、益俱斬。親屬戍邊。

方孝孺，字希直，一字希古，寧海人。父克勤，洪武中循吏，自有傳。孝孺幼警敏，雙眸炯炯，讀書日盈寸，鄉人目爲「小韓子」。長從宋濂學，濂門下知名士皆出其下。先輩胡翰、蘇伯衡亦自謂弗如。孝孺顧末視文藝，恒以明王道、致太平爲己任。嘗臥病，絕糧。家人以告，笑曰：「古人三旬九食，貧豈獨我哉。」父克勤坐「空印」事誅，扶喪歸葬，哀動行路。既免喪，復從濂卒業。

洪武十五年，以吳沉、揭樞薦，召見。太祖喜其舉止端整，謂皇太子曰：「此莊士，當老其才。」禮遣還。後爲仇家所連，逮至京，太祖見其名，釋之。二十五年，又以薦召至。太祖曰：「今非用孝孺時。」除漢中教授，日與諸生講學不倦。蜀獻王聞其賢，聘爲世子師。每見，陳說道德。王尊以殊禮，名其讀書之廬曰「正學」。

及惠帝卽位，召爲翰林侍講。明年遷侍講學士，國家大政事輒咨之。帝好讀書，每有疑卽召使講解。臨朝奏事，臣僚面議可否，或命孝孺就扆前批答。時修太祖實錄及類要諸書，孝孺皆爲總裁。更定官制，孝孺改文學博士。燕兵起，廷議討之，詔檄皆出其手。

建文三年，燕兵掠大名。王聞齊、黃已竄，上書請罷盛庸、吳傑、平安兵。孝孺建議曰：「燕兵久頓大名，天暑雨，當不戰自疲。急令遼東諸將入山海關攻永平，眞定諸將渡盧溝擣北平，彼必歸救。我以大兵躡其後，可成擒也。今其奏事適至，宜且與報書，往返踰月，使其將士心懈。我謀定勢合，進而蹴之，不難矣。」帝以爲然。命孝孺草詔，遣大理寺少卿薛嵓馳報燕，盡赦燕罪，使罷兵歸藩。又爲宣諭數千言授嵓，持至燕軍中，密散諸將士。比至，嵓匿宣諭不敢出，燕王亦不奉詔。

五月，吳傑、平安、盛庸發兵擾燕餉道。燕王復遣指揮武勝上書伸前請。帝將許之。孝孺曰：「兵罷，不可復聚，願毋爲所惑。」帝乃誅勝以絕燕。未幾，燕兵掠沛縣，燒糧艘。時河北師老無功，而德州又饋餉道絕，孝孺深以爲憂。以燕世子仁厚，其弟高煦狡譎，有寵於燕王，嘗欲奪嫡，謀以計間之，使內亂。乃建議白帝，遣錦衣衞千戶張安齎璽書往北平賜世子，世子得書不啓封，幷安送燕軍前，間不得行。

明年五月，燕兵至江北，帝下詔徵四方兵。孝孺曰：「事急矣。遣人許以割地，稽延數日，東南募兵漸集，北軍不長舟楫，決戰江上，勝負未可知也。」帝遣慶成郡主往燕軍，陳其說。燕王不聽。帝命諸將集舟師江上，而陳瑄以戰艦降燕，燕兵遂渡江，時六月乙卯也。帝憂懼，或勸帝他幸，圖興復。孝孺力請守京城以待援兵，卽事不濟，當死社稷。乙丑，金川門啓，燕兵入，帝自焚。是日，孝孺被執下獄。

先是，成祖發北平，姚廣孝以孝孺爲託，曰：「城下之日，彼必不降，幸勿殺之。殺孝孺，天下讀書種子絕矣。」成祖頷之。至是欲使草詔。召至，悲慟聲徹殿陛。成祖降榻勞曰：「先生毋自苦，予欲法周公輔成王耳。」孝孺曰：「成王安在？」成祖曰：「彼自焚死。」孝孺曰：「何不立成王之子？」成祖曰：「國賴長君。」孝孺曰：「何不立成王之弟？」成祖曰：「此朕家事。」顧左右授筆札，曰：「詔天下，非先生草不可。」孝孺投筆於地，且哭且罵曰：「死卽死耳，詔不可草。」成祖怒，命磔諸市。孝孺慨然就死，作絕命詞曰：「天降亂離兮孰知其由，奸臣得計兮謀國用猶。忠臣發憤兮血淚交流，以此殉君兮抑又何求。嗚呼哀哉兮庶不我尤。」時年四十有六。其門人德慶侯廖永忠之孫鏞與其弟銘檢遺骸瘞聚寶門外山上。

孝孺有兄孝聞，力學篤行，先孝孺死。弟孝友與孝孺同就戮，亦賦詩一章而死。妻鄭及二子中憲、中愈先自經死，二女投秦淮河死。

孝孺工文章，醇深雄邁。每一篇出，海內爭相傳誦。永樂中，藏孝孺文者罪至死。門人王稌潛錄爲侯城集，故後得行於世。

仁宗卽位，諭禮部：「建文諸臣，已蒙顯戮，家屬籍在官者，悉宥爲民，還其田土。其外親戍邊者，留一人戍所，餘放還。」萬曆十三年三月釋坐孝孺謫戍者後裔，浙江、江西、福建、四川、廣東凡千三百餘人。而孝孺絕無後，惟克勤弟克家有子曰孝復。洪武二十五年嘗上書闕下，請減信國公湯和所加寧海賦，謫戍慶遠衞，以軍籍獲免。孝復子琬，後亦得釋爲民。世宗時，松江人俞斌自稱孝孺後，一時士大夫信之，爲纂歸宗錄。既而方氏察其僞，言於官，乃已。神宗初，有詔褒錄建文忠臣，建表忠祠於南京，首徐輝祖，次孝孺云。

孝孺之死，宗族親友前後坐誅者數百人。其門下士有以身殉者，盧原質、鄭公智、林嘉猷，皆寧海人。

原質字希魯，孝孺姑子也，由進士授編修，歷官太常少卿。建文時，屢有建白。燕兵至，不屈，與弟原朴等皆被殺。

公智字叔貞。嘉猷名昇，以字行。皆師事孝孺。孝孺嘗曰：「匡我者，二子也。」公智以賢良舉，爲御史有聲。

嘉猷，洪武丙子以儒士校文四川。建文初，入史館爲編修，尋遷陝西僉事。嘗以事入燕邸，知高煦謀傾世子狀。孝孺聞燕之謀，實嘉猷發之。

胡子昭，字仲常，初名志高，滎縣人。孝孺爲漢中教授時往從學，蜀獻王薦爲縣訓導。建文初，與修太祖實錄，授檢討，累遷至刑部侍郎。

鄭居貞，閩人。與孝孺友善，以明經歷官鞏昌通判、河南參政，所至有善績。孝孺教授漢中，居貞作鳳雛行勖之。諸人皆坐黨誅死。

孝孺主應天鄉試，所得士有長洲劉政、桐城方法。

政，字仲理。燕兵起，草平燕策，將上之，以病爲家人所沮。及聞孝孺死，遂嘔血卒。法，字伯通，官四川都司斷事，諸司表賀成祖登極，當署名，不肯，投筆出。被逮，次望江，瞻拜鄉里曰：「得望我先人廬舍足矣。」自沉於江。

成祖既殺孝孺，以草詔屬侍讀樓璉。璉，金華人，嘗從宋濂學，承命不敢辭。歸語妻子曰：「我固甘死，正恐累汝輩耳。」其夕，遂自經。或曰草詔乃括蒼王景，或曰無錫王達云。

練子寧，名安，以字行，新淦人。父伯尙，工詩。洪武初，官起居注，以直言謫外任，終鎭安通判。

子寧英邁不羣，十八年以貢士廷試對策，力言：「天之生材有限，陛下忍以區區小故，縱無窮之誅，何以爲治？」太祖善其意，擢一甲第二，授翰林修撰。丁母艱，力行古禮。服闋，復官，歷遷工部侍郎。

建文初，與方孝孺並見信用，改吏部左侍郎，以賢否進退爲己任，多所建白。未幾，拜御史大夫。燕師起，李景隆北征屢敗，召還。子寧從朝中執數其罪，請誅之，不聽，憤激叩首大呼曰：「壞陛下事者，此賊也。臣備員執法，不能爲朝廷除賣國奸，死有餘罪。卽陛下赦景隆，必無赦臣。」因大哭求死，帝爲罷朝。宗人府經歷宋徵、御史葉希賢皆抗疏言景隆失律喪師，懷二心，宜誅。並不納。燕師旣渡淮，靖江府長史蕭用道、衡府紀善周是修上書論大計，指斥用事者。書下廷臣議，用事者盛氣以詬二人。子寧曰：「國事至此，尙不能容言者耶？」詬者愧而止。

燕王卽位，縛子寧至。語不遜，磔死，族其家，姻戚俱戍邊。子寧從子大亨，官嘉定知縣，聞變，同妻沉劉家河死。里人徐子權以進士爲刑部主事，聞子寧死，慟哭賦詩自經。

子寧善文章，孝孺稱其多學而文。弘治中，王佐刻其遺文曰金川玉屑集。提學副使李夢陽立金川書院祀子寧，名其堂曰「浩然」。

徵，不知何許人。嘗疏請削罪藩屬籍。燕師入，不屈，幷妻子俱死。

希賢，松陽人。亦坐奸黨被殺。或曰去爲僧，號雪菴和尚云。

茅大芳，名誧，以字行，泰興人。博學能詩文。洪武中，爲淮南學官，召對稱旨。擢秦府長史，制詞以董仲舒爲言。大芳益奮激，盡心輔導，額其堂曰「希董」，方孝孺爲之記。建文元年遷副都御史。燕師起，遺詩淮南守將梅殷，辭意激烈。聞者壯之。

周璿，洪武末以天策衞知事建言，擢左僉都御史。燕王稱帝，與大芳並見收，不屈死。而大芳子順童、道壽俱論誅，二孫死獄中。

卓敬，字惟恭，瑞安人。穎悟過人，讀書十行俱下。舉洪武二十一年進士。〔一〕除戶科給事中，鯁直無所避。時制度未備，諸王服乘擬天子。敬乘間言：「京師，天下視效。陛下於諸王不早辨等威，而使服飾與太子埒，嫡庶相亂，尊卑無序，何以令天下？」帝曰：「爾言是，朕慮未及此。」益器重之。他日與同官見，適八十一人，命改官爲元士。尋以六科爲政事本源，又改曰源士。已，復稱給事中。歷官戶部侍郎。

建文初，敬密疏言燕王智慮絕倫，雄才大略，酷類高帝。北平形勝地，士馬精強，金、元所由興。今宜徙封南昌，萬一有變，亦易控制。「夫將萌而未動者，幾也；量時而可爲者，勢也。勢非至剛莫能斷，幾非至明莫能察。」奏入，翌日召問。敬叩首曰：「臣所言天下至計，願陛下察之。」事竟寢。

燕王卽位，被執，責以建議徙燕，離間骨肉。敬厲聲曰：「惜先帝不用敬言耳。」帝怒，猶憐其才，命繫獄，使人諷以管仲、魏徵事。敬泣曰：「人臣委贄，有死無二。先皇帝曾無過舉，一旦橫行篡奪，恨不卽死見故君地下，乃更欲臣我耶？」帝猶不忍殺。姚廣孝故與敬有隙，進曰：「敬言誠見用，上寧有今日。」乃斬之，誅其三族。

敬立朝慷慨，美丰姿，善談論，凡天官、輿地、律曆、兵刑諸家無不博究。成祖嘗歎曰：「國家養士三十年，惟得一卓敬。」萬曆初，用御史屠叔方言，表墓建祠。

同時戶部侍郎死者，有郭任、盧迥。

任，丹徒人，一日定遠人。廉愼有能。建文初，佐戶部，飲食起居，俱在公署。時方貶削諸藩，任言：「天下事先本後末則易成。今日儲財粟，備軍實，果何爲者？乃北討周，南討湘，舍其本而末是圖，非策也。且兵貴神速，苟曠日持久，銳氣既竭，姑息隨之，將坐自困耳。」燕王聞而惡之。兵起，任與同官盧迥主調兵食，京師失守，被擒，不屈，死之。子經亦論死，少子戍廣西。

迥，仙居人。爽朗不拘細行。喜飲酒，飲後輒高歌，人謂迥狂。及仕，折節恭愼。建文三年拜戶部侍郎。燕兵入，不屈，縛就刑，長謳而死。台人祀之八忠祠。

陳迪，字景道，宣城人。祖宥賢，明初，從征有功，世撫州守禦百戶，因家焉。迪倜儻有志操。辟府學訓導，爲郡草賀萬壽表。太祖異之。久之，以通經薦，歷官侍講。出爲山東左參政，多惠政。丁內艱，起復，除雲南右布政使。普定、曲靖、烏撒、烏蒙諸蠻煽亂。迪率土兵擊破之，賜金幣。

建文初，徵爲禮部尙書。時更修制度，沿革損益，迪議爲多。會以水旱詔百官集議，迪請清刑獄，招流民，凡二十餘事，皆從之。尋加太子少保。李景隆等數戰敗，迪陳大計。命督運軍儲。已，聞變，趨赴京師。

燕王卽帝位，召迪責問，抗聲不屈。命與子鳳山、丹山等六人磔於市。旣死，人於衣帶中得詩及五噫歌，辭意悲烈。蒼頭侯來保拾其遺骸歸葬。妻管縊死。幼子珠生五月，乳母潛置溝中得免。八歲，爲怨家所訐，成祖宥其死，戍撫寧，尋徙登州，爲蓬萊人。洪熙初，赦還鄉，給田產。成化中，寧國知府涂觀建祠祀迪。弘治間，裔孫鼎舉進士，仕至應天府尹，剛鯁有聲。

黃魁，不知何許人。爲禮部侍郎，有學行，習典禮，迪及侍郎黃觀皆愛敬之。燕兵入，不屈死。

有巨敬者，平涼人。爲御史，改戶部主事，充史官，以淸愼稱。與迪同不屈死，夷其族。

景淸，本耿姓，訛景，眞寧人。倜儻尙大節，讀書一過不忘。洪武中進士，授編修，改御史。三十年春召見，命署左僉都御史。以奏疏字誤，懷印更改，爲給事中所劾，下詔獄。尋宥之。詔巡察川、陝私茶，除金華知府。建文初，爲北平參議。燕王與語，言論明晰，大稱賞。再遷御史大夫。

燕師入，諸臣死者甚衆。清素預密謀，且約孝孺等同殉國，至是獨詣闕自歸。成祖命仍其官，委蛇班行者久之。一日早朝，清衣緋懷刃入。先是，日者奏異星赤色犯帝座，甚急。成祖故疑清。及朝，清獨著緋。命搜之，得所藏刃。詰責，清奮起曰：「欲爲故主報讎耳。」成祖怒，磔死，族之。籍其鄉，轉相攀染，謂之瓜蔓抄，村里爲墟。

初，金川門之啓，御史連楹叩馬欲刺成祖，被殺，屍植立不仆。楹，襄垣人。

胡閏，字松友，鄱陽人。太祖征陳友諒，過長沙王吳芮祠，見題壁詩，奇之，立召見帳前。洪武四年，郡舉秀才，入見。帝曰：「此書生故題詩鄱陽廟壁者邪？」授都督府都事，遷經歷。建文初，選右補闕，尋進大理寺少卿。

燕師起，與齊、黃輩晝夜晝軍事。京師陷，召閏，不屈，與子傳道俱死，幼子傳慶戍邊。四歲女郡奴入功臣家，稍長識大義，日以爨灰汚面。洪熙初，赦還鄉。貧甚，誓不嫁。見者競遺以錢穀，曰：「此忠臣女也。」

高翔，朝邑人。洪武中，以明經爲監察御史。建文時，戮力兵事。成祖聞其名，與閭同召，欲用之。翔喪服入見，語不遜，族之。發其先冢，親黨悉戍邊。諸給高氏產者皆加稅，曰：「令世世罵翔也。」

王度，字子中，歸善人。少力學，工文辭，用明經薦爲山東道監察御史。建文時，燕兵起，度悉心贊畫。及王師屢敗，度奏請募兵。小河之捷，奉命勞軍徐州。還，方孝孺與度書，誓死社稷。燕王稱帝，坐方黨謫戍賀縣，又坐語不遜，族。

度有智計。盛庸之代景隆，度密陳便宜，是以有東昌之捷。景隆徵還，赦不誅，反用事，忌庸等功，讒間之，度亦見疏。論者以其用有未盡，惜之。

戴德彝，奉化人。洪武二十七年進士。累官侍講。太祖諭之曰：「翰林雖職文學，然既列禁近，凡國家政治得失，民生利害，當知無不言。昔唐陸贄、崔羣、李絳在翰林，皆能正言讜論，補益當時，汝宜以古人自期。」已，改監察御史。建文時，改左拾遺。燕王入，召見，不屈，死之。德彝死時，兄弟並從京師。嫂項家居，聞變，度禍且族，令闔舍逃去，匿德彝二子山中，毀戴氏族譜，獨身留家。收者至，無所得，械項至京，搒掠終無一言，戴族獲全。

時御史不屈死者，有諸城謝昇、聊城丁志方，而懷寧甘霖從容就戮，子孫相戒不復仕。又董鏞，不知何許人。諸御史有志節者，時時會鏞所，誓以死報國。諸將校觀望不力戰，鏞輒露章劾之。城破被殺，家戍極邊。

而給事中死者，則有陳繼之、韓永、葉福三人。繼之，莆田人，建文二年進士。時江南僧道多腴田，繼之請人限五畝，餘以賦民。從之。兵事亟，數條奏機宜。燕兵入，不屈，見殺，父母兄弟悉戍邊。永，西安人，或曰浮山。貌魁梧，音吐洪亮，每慷慨論兵事。燕王入，欲官之，抗辭不屈死。福，侯官人，繼之同年生。燕兵至，守金川門，城陷，死之。

贊曰：帝王成事，蓋由天授。成祖之得天下，非人力所能禦也。齊、黃、方、練之儔，抱謀國之忠，而乏制勝之策。然其忠憤激發，視刀鋸鼎鑊甘之若飴，百世而下，凜凜猶有生氣。是豈泄然不恤國事而以一死自謝者所可同日道哉！由是觀之，固未可以成敗之常見論也。

校勘記

〔一〕洪武二十一年進士　二十一年，明進士題名碑錄作「洪武乙丑科」，卽洪武十八年。

明史卷一百四十二

列傳第三十

鐵鉉 暴昭 侯泰 陳性善 陳植 王彬 崇剛 張昺 謝貴 彭二 葛誠 余逢辰 宋忠 余瑱 馬宣 曾濬 卜萬 朱鑑 石撰 瞿能 莊得 楚智 皂旗張 王指揮 楊本 張倫 陳質 顏伯瑋 唐子清 黃謙 向朴 鄭恕 鄭華 王省 姚善 錢芹 陳彥回 張彥方

鐵鉉，鄧人。洪武中，由國子生授禮科給事中，調都督府斷事。嘗讞疑獄，立白。太祖喜，字之曰鼎石。

建文初，爲山東參政。李景隆之北伐也，鉉督餉無乏。景隆兵敗白溝河，單騎走德州，城戍皆望風潰。鉉與參軍高巍感奮涕泣，自臨邑趨濟南，偕盛庸、宋參軍等誓以死守。燕兵攻德州，景隆走依鉉。德州陷，燕兵收其儲蓄百餘萬，勢益張，遂攻濟南。景隆復大敗，南奔。鉉與庸等乘城守禦。燕兵隄水灌城，築長圍，晝夜攻擊。鉉以計焚其攻具，間出兵奮擊。又遣千人出城詐降。燕王大喜，軍中皆歡呼。鉉伏壯士城上，候王入，下鐵板擊之，別設伏斷橋。既而失約，王未入城，板驟下，王驚走。伏發，橋倉卒不可斷，王鞭馬馳去。憤甚，百計進攻。凡三閱月，卒固守不能下。當是時，平安統兵二十萬，將復德州，以絕燕餉道。燕王懼，解圍北歸。

燕王自起兵以來，攻眞定二日不下，卽舍去。獨以得濟南斷南北道，卽畫疆守，金陵不難圖，故乘大破景隆之銳，盡力以攻，期於必拔，而竟爲鉉等所挫。帝聞大悅，遣官慰勞，賜金幣，封其三世。鉉入謝，賜宴。凡所建白皆採納。擢山東布政使，尋進兵部尙書。以盛庸代景隆爲平燕將軍，命鉉參其軍務。是年冬，庸大敗燕王於東昌，斬其大將張玉。燕王奔還北平。自燕兵犯順，南北日尋干戈，而王師克捷，未有如東昌者。自是燕兵南下由徐、沛，不敢復道山東。

比燕兵漸逼，帝命遼東總兵官楊文將所部十萬與鉉合，絕燕後。文師至直沽，爲燕將宋貴等所敗，無一至濟南者。四年四月，燕軍南綴王師於小河，鉉與諸將時有斬獲。連戰至靈璧，平安等師潰被擒。既而庸亦敗績。燕兵渡江，鉉屯淮上，兵亦潰。

燕王卽皇帝位，執之至，反背坐廷中嫚罵。令其一回顧，終不可，遂磔於市，年三十七。子福安，戍河池。父仲名，年八十三，母薛，並安置海南。

宋參軍者，逸其名。燕兵攻濟南不克，舍之南去。參軍說鉉直擣北平。鉉以卒困甚，不果。後不知所終。

暴昭，潞州人。洪武中，由國子生授大理寺司務。三十年擢刑部右侍郎。明年進尚書。耿介有峻節，布衣麻屨，以淸儉知名。建文初，充北平採訪使，得燕不法狀，密以聞，請預爲備。燕兵起，設平燕布政司於眞定，〔一〕昭以尙書掌司事，與鐵鉉輩悉心經畫。平安諸軍敗，召歸。金川門陷，出亡，被執。不屈，磔死。

繼昭爲刑部尙書者侯泰，字順懷，南和人。以薦舉起家。建文初，仕至尙書。燕王舉兵，力主抗禦之策。嘗督餉於濟寧、淮安。京師不守，行至高郵，被執下獄，與弟敬祖，子玘，俱被殺。

陳性善，名復初，以字行，山陰人。洪武三十年進士。臚唱過御前，帝見其容止凝重，屬目久之，曰：「君子也。」授行人司副，遷翰林檢討。性善工書，嘗召入便殿，繙錄誠意伯劉基子璉所獻其父遺書。帝威嚴，見者多惴恐，至惶汗不成一字。性善舉動安詳，字畫端好。帝大悅，賜酒饌，留竟日出。

惠帝在東宮，習知性善名。及卽位，擢爲禮部侍郎，薦起流人薛正言等數人。雲南布政使韓宜可隸謫籍，亦以性善言，起副都御史。一日，帝退朝，獨留性善賜坐，問治天下要道，手書以進。性善盡所言，悉從之。已，爲有司所格，性善進曰：「陛下不以臣不肖，猥承顧問。旣僭塵聖聽，許臣必行，未幾輟改，事同反汗，何以信天下？」帝爲動容。

燕師起，改副都御史，監諸軍。靈璧戰敗，與大理丞彭與明、欽天監副劉伯完等皆被執。已，悉縱還。性善曰：「辱命，罪也，奚以見吾君？」朝服躍馬入於河以死。餘姚黃墀、陳子方，與性善友，亦同死。燕王入京師，詔追戮性善，徙其家於邊。

與明，萬安人。貢入太學，歷給事中。建文初，爲大理右丞，廉勤敏達。以督軍被執。

縱歸，慚憤，裂冠裳，變姓名，與伯完俱亡去，不知所終。

時以侍郞監軍者，有廬江陳植。植，元末舉鄉試，不仕。洪武間，官吏部主事。建文二年官兵部右侍郞。燕兵臨江，植監戰江上，慷慨誓師。部將有議迎降者，植責以大義甚厲。部將殺之以降，且邀賞。燕王怒，立誅部將，具棺殮葬植白石山上。

燕師之至江北也，御史王彬巡按江淮，駐揚州，與鎭撫崇剛嬰城堅守。時盛庸兵旣敗，人無固志，守將王禮謀舉城降。彬執之及其黨，繫獄。剛出練兵，彬修守具，晝夜不懈。有力士能舉千斤，彬嘗以自隨。燕兵飛書城中，「縛王御史降者，官三品。」左右憚力士，莫敢動。禮弟崇賂力士母，誘其子出。乘彬解甲浴，猝縛之。出禮於獄，開門納燕師。彬與剛皆不屈死。彬，字文質，東平人，洪武中進士。剛，逸其里籍。

又兵部主事樊士信，應城人。守淮，力拒燕兵，不勝，死之。

張昺，澤州人。洪武中，以人材累官工部右侍郞。謝貴者，不知所自起，歷官河南衞指揮僉事。

建文初，廷臣議削燕，更置守臣。乃以昺爲北平布政使，貴爲都指揮使，並受密命。時燕王稱疾久不出，二人知其必有變，乃部署在城七衞及屯田軍士，列九門防守，將執王。昺庫吏李友直預知其謀，密以告王，王遂得爲備。建文元年七月六日，朝廷遣人逮燕府官校。王僞縛官校置廷中，將付使者。紿昺、貴入，至端禮門，爲伏兵所執，俱不屈死。

燕將張玉、朱能等帥勇士攻九門，克其八，獨西直門不下。都指揮彭二躍馬呼市中曰：「燕王反，從我殺賊者賞。」集兵千餘人，將攻燕府。會燕健士從府中出，格殺二，兵遂散，盡奪九門。

初，昺被殺，喪得還。「靖難」後，出昺屍焚之，家人及近戚皆死。

葛誠，不知所由進。洪武末，爲燕府長史。嘗奉王命奏事京師。帝召見，問府中事。誠具以實對。遣還，王佯病，盛暑擁爐坐，呼寒甚。昺、貴等入問疾。誠言王實無病，將爲變。又密疏聞於帝。及昺、貴將圖王，誠與護衞指揮盧振約爲內應。事敗，誠、振俱被殺，夷其族。

又伴讀余逢辰，字彥章，宣城人。有學行，王信任之，以故得聞異謀，乘間力諫。知變將作，貽書其子，誓必死。兵起，復泣諫，言君父兩不可負，死之。

北平人杜奇者，才儁士也。燕王起兵，徵入府，奇因極諫當守臣節。王怒，立斬之。

宋忠，不知何許人。洪武末，爲錦衣衞指揮使。有百戶以非罪論死，忠疏救。御史劾之，太祖曰：「忠率直無隱，爲人請命，何罪？」遂宥百戶。尋爲僉都御史劉觀所劾，調鳳陽中衞指揮使。三十年，平羌將軍齊讓征西南夷無功，以忠爲參將，從將軍楊文討之。師旋，復官錦衣。

建文元年以都督奉敕總邊兵三萬屯開平，悉簡燕府護衞壯士以從。又以都督徐凱屯臨清，耿瓛屯山海關，相掎角。北平故有永淸左、右衞，忠調其左屯彰德、右屯順德以備燕。及張昺、謝貴謀執燕王，忠亦帥兵趨北平。未至而燕兵起，居庸失守，不得進，退保懷來。燕王度忠必爭居庸，帥精兵八千，卷甲倍道趨懷來。時北平將士在忠部下者，忠告以家屬並爲燕屠滅，盍努力復讎報國恩。燕王偵知之，急令其家人張故旂幟爲前鋒，呼父兄子弟相問勞。將士咸喜曰：「我家固亡恙，宋總兵欺我。」遂無鬭志。忠倉卒布陣，未成列。燕王一麾渡河，鼓譟進。忠敗，死之。

忠之守懷來也，都指揮余瑱、彭聚、孫泰與俱。及戰，瑱被執，不屈死。泰中流矢，血被甲，裹創力鬬，與聚俱沒於陣。當是時，諸將校爲燕所俘者百餘人，皆不肯降以死，惜姓名多不傳。

馬宣，亦不知何許人。官都指揮使。宋忠之趨居庸，宣亦自薊州帥師赴北平，聞變走還。燕王既克懷來，旋師欲南下。張玉進曰：「薊州外接大寧，多騎士，不取恐爲後患。」會宣發兵將攻北平，與燕兵戰公樂驛，敗歸，與鎭撫曾濬城守。玉等往攻之，宣出戰被擒，罵不絕口，與濬俱死。

燕兵之襲大寧也，守將都指揮卜萬與都督劉眞、陳亨帥兵扼松亭關。亨欲降燕，畏萬不敢發。燕行反間，貽萬書，盛稱萬，極詆亨，厚賞所獲大寧卒，緘書衣中，俾密與萬，故使同獲卒見之，亦縱去而不與賞。不得賞者發其事。眞、亨搜卒衣，得書，遂執萬下獄死，籍其家。萬忠勇而死於間，論者惜之。及大寧陷，指揮使朱鑑力戰不屈死。

寧府左長史石撰者，平定人。以學行稱。燕王舉兵，撰輒爲守禦計，每以臣節諷寧王，王亦心敬之。及城陷，憤詈不屈，支解死。

瞿能，合肥人。父通，洪武中，累官都督僉事。能嗣官，以四川都指揮使從藍玉出大渡河擊西番，有功。又以副總兵討建昌叛酋月魯帖木兒，破之雙狼寨。

燕師起，從李景隆北征。攻北平，與其子帥精騎千餘攻彰義門，〔三〕垂克。景隆忌之，令候大軍同進。於是燕人夜汲水沃城，方大寒，冰凝不可登，景隆卒致大敗。已，又從景隆進駐白溝河，與燕師戰。能父子奮擊，所向披靡。日暝，各收軍。明日復戰，燕王幾爲所及。王急佯招後軍以疑之，得脫去。薄暮，能復引衆搏戰，大呼滅燕，斬馘數百。諸將俞通淵、滕聚復帥衆來會。會旋風起，王突入馳擊。能父子死於陣，通淵、聚俱死，精兵萬餘並沒。南軍由是不振。

時與北兵戰死者，有都指揮莊得、楚智、皂旗張等。

得，故隸宋忠。懷來之敗，一軍獨全。後從盛庸戰夾河，斬燕將譚淵。已而燕王以驍騎乘暮掩擊，得力戰死。

智，嘗從馮勝、藍玉出塞有功。建文初，守北平，尋召還。及討燕，帥兵從景隆，戰輒奮勇，北人望旂幟股栗。至是，馬陷被執死。

皂旗張，逸其名，或曰張能力挽千斤，每戰輒麾皂旗先驅，軍中呼「皂旗張」。死時猶執旗不仆。又王指揮者，臨淮人。常騎小馬，軍中呼「小馬王」。戰白溝河被重創，脫冑付其僕曰：「吾爲國捐軀，以此報家人。」立馬植戈而死。二人死尤異云。

又中牟楊本，初爲太學生，通禽遁術，應募授錦衣鎭撫。從景隆討燕有功。景隆忌之，不以聞。尋劾景隆喪師辱國，遂以孤軍獨出，被擒，繫北平獄，後被殺。

張倫，不知何許人。河北諸衞指揮使也，勇悍負氣，喜觀古忠義事。馬宣自薊州起兵攻北平，不克，死。倫發憤，合兩衞官，帥所部南奔，結盟報國。從李景隆、盛庸戰，皆有功。燕王卽帝位，招倫降。倫笑曰：「張倫將自賣爲丁公乎！」死之。京師陷，武臣皆降附，從容就義者，倫一人而已。

又陳質者，以參將守大同，進中軍都督同知。助宋忠保懷來。忠敗，退守大同。代王欲舉兵應燕，質持之不得發。及燕兵攻大同不下，蔚州、廣昌附於燕，質復取之。成祖卽位，以質劫制代王，剽掠已附，誅死。

顏伯瑋，名瓌，以字行，廬陵人。唐魯國公眞卿後。建文元年以賢良徵，授沛縣知縣。李景隆屯德州，沛人終歲輓運。伯瑋善規畫，得不困。會設豐、沛軍民指揮司，乃集民兵五千人，築七堡爲備禦計。尋調其兵益山東，所存疲弱不任戰。燕兵攻沛，伯瑋遣縣丞胡先間行至徐州告急。援不至，遂命其弟珏、子有爲還家侍父，題詩公署壁上，誓必死。燕兵夜入東門，指揮王顯迎降。伯瑋冠帶升堂，南向拜，自經死。有爲不忍去，復還，見父屍，自刎其側。

主簿唐子清、典史黃謙俱被執，燕將欲釋子清。子清曰：「願隨顏公地下。」遂死之。遣謙往徐州招降。謙不從，亦死。

又向朴，慈谿人。力學養親。洪武末，以人才召見，知獻縣。縣無城郭。燕將譚淵至，朴集民兵與戰，被執，懷印死。

鄭恕，仙居人。蕭縣知縣。燕將王聰破蕭，不屈死。二女當配，亦死之。

鄭華，臨海人。由行人貶東平吏目。燕兵至，州長貳盡棄城走。華謂妻蕭曰：「吾義必死，奈若年少何？」蕭泣曰：「君不負國，妾敢負君？」華曰：「足矣。」帥吏民憑城固守，城破，力戰不屈死。

王省，字子職，吉水人。洪武五年領鄉舉。至京，詔免會試，命吏部授官。省言親老，乞歸養。尋以文學徵。太祖親試，稱旨，當殊擢。自陳才薄親老，乞便養。授浮梁教諭。凡三爲教官，最後得濟陽。

燕兵至，爲游兵所執。從容引譬，詞義慷慨。衆舍之。歸坐明倫堂，伐鼓聚諸生，謂曰：「若等知此堂何名，今日君臣之義何如？」因大哭，諸生亦哭。省以頭觸柱死。女靜，適卽墨主簿周岐鳳，聞燕兵至濟陽，知父必死，三遣人往訪，得遺骸歸葬。

姚善，字克一，安陸人。初姓李。洪武中由鄉舉歷祁門縣丞，同知廬州、重慶二府。三十年遷蘇州知府。初，太祖以吳俗奢僭，欲重繩以法，黠者更持短長相攻訐。善爲政持大體，不爲苛細，訟遂衰息，吳中大治。

好折節下士，敬禮隱士王賓、韓奕、俞貞木、錢芹輩。以月朔會學宮，迎芹上座，請質經義。芹曰：「此非今所急也。」善悚然起問。芹乃授以一册。視之，皆守禦策。時燕兵已南下，密結鎭、常、嘉、松四郡守，練民兵爲備。薦芹於朝，署行軍斷事。善尋至京師。會朝廷以燕王上書貶齊泰、黄子澄於外，善言不當貶，遂復召二人。

建文四年詔兼督蘇、松、常、鎭、嘉興五府兵勤王。兵未集，燕王已入京師。時子澄匿善所，約共航海起兵。善謝曰：「公，朝臣，當行收兵圖興復。善守土，與城存亡耳。」子澄去，善爲麾下許千戶者縛以獻，不屈死。年四十三。子節等四人俱戍配。

芹，字繼忠，少好奇節，元末，干諸將，不遇。洪武初，辟大都督府掾，從中山王出北平，至大漠。還解職。家居二十年，甘貧樂道。以善薦起。從李景隆北行，遣入奏事。道病將卒，猶條上兵事。年七十三。

陳彥回，字士淵，莆田人。父立誠，爲歸安縣丞，被誣論死。彥回謫戍雲南，家人從者多道死。比至蜀，唯彥回與祖母郭在。會赦，又弗原，監送者憐而縱之。貧不能歸，依鄉人知縣黃積良，冒黃姓。久之，以閬中教諭嚴德政薦，授保寧訓導。考滿至京，召見以爲平江知縣。逾年，太祖崩，彥回入臨。又以給事中楊維康薦，擢徽州知府。

建文元年以循良受上賞。祖母郭卒，當去，百姓走京師乞留。彥回衰絰赴闕自陳，乞復姓。當彥回之戍雲南也，其弟彥囦亦戍遼東，至是，詔除彥囦籍。連乞終喪。不許。葬郭徽城北十里北山之陽。時走墓下，哭甚哀，人目之曰「太守山」。嘗對百姓泣曰：「吾罪人也，向亡命冒他姓。以祖母存，恐陳首獲罪，隱忍二十年。今祖母沒，宜自請死。上特宥我，終當死報國耳。」燕兵逼京師，彥回糾義勇赴援。已而被擒，械至京，死之。

張彥方，龍泉人。初爲給事中，以便養乞改樂平知縣。〔三〕應詔勤王，帥所部抵湖口。被執，械至樂平，斬之。梟其首譙樓，當暑月，一蠅不集，經旬面如生。邑人竊葬之清白堂後。

同時以勤王死者，有松江同知，死尤烈云。同知姓名不可考，或曰周繼瑜也。勤王詔下，榜募義勇入援，極言大義，感動人心，幷斥「靖難」兵乖恩悖道。械至京，磔於市。

贊曰：燕師之南嚮也，連敗二大將，其鋒葢不可當。鐵鉉以書生竭力抗禦於齊、魯之間，屢挫燕衆。設與耿、李易地而處，天下事固未可知矣。張昺、謝貴、葛誠圖燕於肘腋，而事不就。宋忠、馬宣東西繼敗，瞿能諸將垂勝戰亡，燕兵卒得長驅南下。而姚善、陳彥回之屬，欲以郡邑之甲奮拒於大勢已去之後，此黃鉞所謂兵至江南，禦之無及者也。

校勘記

〔一〕設平燕布政司於眞定　平燕，原作「北平」，據本書卷四恭閔帝紀、國榷卷一一頁八〇五改。

〔二〕與其子帥精騎千餘攻彰義門　彰義門，原訛作「張掖門」，據明書卷一〇五瞿能傳改。

〔三〕以便養乞改樂平知縣　樂平，原作「永平」。按本書地理志，永平縣屬雲南永昌軍民府，與張彥方事迹不合。樂平縣有二，一隸山西太原府，一隸江西饒州府。張彥方是浙江龍泉人，本傳稱以便養請改，下文又言：「帥所部抵湖口，被執，械至樂平。」則以江西樂平爲是，據改。

明史卷一百四十三

列傳第三十一

王艮 高遜志　廖昇 魏冕 鄒瑾 龔泰　周是修　程本立
黃觀 王叔英 林英　黃鉞 曾鳳韶　王良　陳思賢 龍溪六生
台溫二樵　程通 黃希范 葉惠仲 黃彥清 蔡運 石允常　高巍 韓郁
高賢寧　王璡　周縉　牛景先 程濟等

王艮，字敬止，吉水人。建文二年進士。對策第一。貌寢，易以胡靖，即胡廣也，艮次之，又次李貫。三人皆同里，並授修撰，如洪武中故事，設文史館居之。預修太祖實錄及類要、時政記諸書。一時大著作皆綜理之。數上書言時務。

燕兵薄京城，艮與妻子訣曰：「食人之祿者，死人之事，吾不可復生矣。」解縉、吳溥與艮、靖比舍居。城陷前一夕，皆集溥舍。縉陳說大義，靖亦奮激慷慨，艮獨流涕不言。三人去，溥子與弼尚幼，歎曰：「胡叔能死，是大佳事。」溥曰：「不然，獨王叔死耳。」語未畢，隔牆聞靖呼：「外喧甚，謹視豚。」溥顧與弼曰：「一豚尚不能舍，肯舍生乎？」須臾艮舍哭，飲鴆死矣。縉馳謁，成祖甚喜。明日薦靖，召至，叩頭謝。貫亦迎附。後成祖出建文時羣臣封事千餘通，令縉等編閱。事涉兵農錢穀者留之，諸言語干犯及他一切皆焚毁。因從容問貫、縉等曰：「爾等宜皆有之。」衆未對，貫獨頓首曰：「臣實未嘗有也。」成祖曰：「爾以無爲美耶？食其祿，任其事，當國家危急，官近侍獨無一言可乎？朕特惡夫誘建文壞祖法亂政者耳。」後貫遷中允，坐累，死獄中。臨卒歎曰：「吾愧王敬止矣。」

有高遜志者，艮座主也，蕭縣人，寓嘉興。幼嗜學，師貢師泰、周伯琦等，文章典雅，成一家言。徵修元史，入翰林，累遷試吏部侍郎，以事謫朐山。建文初，召爲太常少卿，與董倫同主會試。得士自艮外，胡靖、吳溥、楊榮、金幼孜、楊溥、胡濙、顧佐等皆爲名臣。燕師入，存歿無可考。

廖昇，襄陽人。不知其所以進，學行最知名，與方孝孺、王紳相友善。洪武末，由左府斷事擢太常少卿。建文初，修太祖實錄，董倫、王景爲總裁官，昇與高遜志爲副總裁官，李貫、王紳、胡子昭、楊士奇、羅恢、程本立爲纂修官，皆一時選。燕師渡江，朝廷遣使請割地。不許。昇聞而慟哭，與家人訣，自縊死。殉難諸臣，昇死最先。其後陳瑛奏諸臣逆天命，效死建文君，請行追戮，亦首及昇云。

時爲瑛追論者，有魏冕等。冕官御史，燕兵犯闕，都督徐增壽徘徊殿廷，有異志。冕率同官毆之，與大理丞鄒瑾大呼，請速加誅。明日，宮中火起，有勸冕降者，厲聲叱之，遂自殺，瑾亦死。瑾、冕皆永豐人。其同里鄒朴，官秦府長史，聞瑾死，憤甚，不食卒。或曰即瑾子也。

又都給事中龔泰，義烏人。由鄉薦起家。燕王入金川門，泰被縛，以非奸黨釋不殺，自投城下死。泰嘗遊學宮，狂人擠之，溺池中幾死，弗校，人服其量。

周是修，名德，以字行，泰和人。洪武末，舉明經，爲霍丘訓導。太祖問家居何爲。對曰：「教人子弟，孝弟力田。」太祖喜，擢周府奉祀正。踰年，從王北征至黑山，還遷紀善。建文元年，有告王不法者，官屬皆下吏。是修以嘗諫王得免，改衡府紀善。衡王，惠帝母弟，未之藩。是修留京師，預翰林纂修，好薦士，陳說國家大計。

燕兵渡淮，與蕭用道上書指斥用事者。用事者怒，共挫折之，是修屹不爲動。京城失守，留書別友人江仲隆、解縉、胡靖、蕭用道、楊士奇，付以後事，具衣冠，爲贊繫衣帶間。入應天府學，拜先師畢，自經於尊經閣，年四十九。燕王卽帝位，陳瑛言是修不順天命，請追戮。帝曰：「彼食其祿，自盡其心，勿問。」

是修外和內剛，志操卓犖，非其義，一介不苟得也。嘗曰：「忠臣不計得失，故言無不直；烈女不慮死生，故行無不果。」嘗輯古今忠節事爲觀感錄。其學自經史百家，陰陽醫卜，靡不通究，爲文援筆立就，而雅贍條達。初與士奇、縉、靖及金幼孜、黃淮、胡儼約同死。臨難，惟是修竟行其志云。

程本立，字原道，崇德人。先儒頤之後。父德剛，負才氣不仕。元將路成兵過皂林，暴掠。德剛爲陳利害。成悅，戢其部衆，欲奏官之，辭去。本立少有大志，讀書不事章句。洪武中，旌孝子，太祖嘗謂之曰：〔二〕「學者爭務科舉，以窮經爲名，而無實學。子質近厚，當志聖賢之學。」本立益自力。聞金華朱克修得朱熹之傳於許謙，往從之遊。舉明經、秀才，除秦府引禮舍人，賜楮幣鞍馬。母憂去官，服除，補周府禮官，從王之開封。

二十年春進長史，從王入覲。坐累謫雲南馬龍他郎甸長官司吏目，留家大梁，攜一僕之任。土酋施可伐煽百夷爲亂，本立單騎入其巢，諭以禍福，諸酋咸附。未幾，復變。西平侯沐英、布政使張紞知本立賢，屬行縣典兵事，且撫且禦，自楚雄、姚安抵大理、永昌、鶴慶、麗江，山行野宿，往來綏輯凡九年，民夷安業。

三十一年奏計京師。學士董倫、府尹向寶交薦之。徵入翰林，預修太祖實錄，遷右僉都御史。俸入外，不通餽遺。建文三年坐失陪祀貶官，仍留纂修。實錄成，出爲江西副使。未行，燕兵入，自縊死。

黃觀，字伯瀾，一字尙賓，貴池人。父贅許，從許姓。受學於元待制黃冔。冔死節，觀益自勵。洪武中，貢入太學。繪父母墓爲圖，瞻拜輒淚下。二十四年，會試、廷試皆第一。累官禮部右侍郎，乃奏復姓。建文初，更官制，左、右侍中次尙書，改觀右侍中，與方孝孺等並親用。

燕王舉兵，觀草制諷其散軍歸藩，束身謝罪，辭極詆斥。四年奉詔募兵上游，〔三〕且督諸郡兵赴援。至安慶，燕王已渡江入京師，下令暴左班文職奸臣罪狀，觀名在第六。既而索國寶，不知所在，或言已付觀出收兵矣。命有司追捕，收其妻翁氏并二女給象奴。奴索釵釧市酒肴，翁氏悉與之持去，急攜二女及家屬十人，投淮清橋下死。觀聞金川門不守，歎曰：「吾妻有志節，必死。」招魂葬之江上。命舟至羅刹磯，朝服東向拜，投湍急處死。觀弟覘，先匿其幼子，逃他處。或云覘妻畢氏孀居母家，遺腹生子，故黃氏有後於貴池。

初，觀妻投水時，嘔血石上，成小影，陰雨則見，相傳爲大士像。僧舁至庵中，翁氏見夢曰：「我黃狀元妻也。」比明，沃以水，影愈明，有愁慘狀。後移至觀祠，名翁夫人血影石。今尙存。

王叔英，字原采，黃巖人。洪武中，與楊大中、葉見泰、方孝孺、林右並徵至。叔英固辭歸。二十年以薦爲仙居訓導，改德安敎授。遷漢陽知縣，多惠政。歲旱，絕食以禱，立應。

建文時，召爲翰林修撰。上資治八策，曰務問學，謹好惡，辨邪正，納諫諍，審才否，愼刑罰，明利害，定法制。皆援證古今，可見之行事。又曰：「太祖除奸剔穢，抑强鋤梗，如醫去病，如農去草。去病急或傷體膚，去草嚴或傷禾稼。病去則宜調燮其血氣，草去則宜培養其根苗。」帝嘉納之。

燕兵至淮，奉詔募兵。行至廣德，京城不守。會齊泰來奔，叔英謂泰貳心，欲執之。泰告以故。乃相持慟哭，共圖後舉。已，知事不可爲，沐浴更衣冠，書絕命詞，藏衣裾間，自經於玄妙觀銀杏樹下。天台道士盛希年葬之城西五里。其詞曰：「人生穹壤間，忠孝貴克全。嗟予事君父，自省多過愆。有志未及竟，奇疾忽見纏。肥甘空在案，對之不下咽。意者造化神，有命歸九泉。嘗念夷與齊，餓死首陽巔，周粟豈不佳，所見良獨偏。高蹤渺難繼，偶爾無足傳。千秋史官筆，愼勿稱希賢。」又題其案曰：「生既已矣，未有補於當時。死亦徒然，庶無慚於後世。」燕王稱帝，陳瑛籍錄其家。妻金氏自經死，二女下錦衣獄，赴井死。

叔英與孝孺友善，以道義相切劘。建文初，孝孺欲行井田。叔英貽書曰：「凡人有才固難，能用其才尤難。子房於漢高，能用其才者也；賈誼於漢文，不能用其才者也。子房察高帝可行而言，故高帝用之，一時受其利，雖親如樊、酈，信如平、勃，任如蕭、曹，莫得間焉。賈生不察而易言，且言之太過，故絳、灌之屬得以短之。方今明良相值，千載一時。但事有行於古，亦可行於今者，夏時周冕之類是也。有行於古，不可行於今者，井田封建之類是也。可行者行，則人之從之也易，而民樂其利。難行而行，則從之也難，而民受其患。」時井田雖不行，然孝孺卒用周官更易制度，無濟實事，爲燕王藉口。論者服叔英之識，而惜孝孺不能用其言也。

時御史古田林英亦在廣德募兵，知事無濟，再拜自經。妻宋氏下獄，亦自經死。

黃鉞，字叔揚，常熟人。少好學。家有田在葛澤陂，鉞父令督耕其中。鉞從友人家借書，竊讀不廢。縣舉賢良，授宜章典史。建文元年舉湖廣鄉試。明年賜進士，授刑科給事中。三年丁父憂。方孝孺弔之，屏人問曰：「燕兵日南，蘇、常、鎭江，京師左輔也。君吳人，朝廷近臣，今雖去，宜有以教我。」鉞曰：「三府唯鎭江最要害。守非其人，是撤垣而納盜也。指揮童俊狡不可任，奏事上前，視遠而言浮，心不可測也。蘇州知府姚善，忠義激烈，有國士風，然仁有餘而禦下寬，恐不足定亂。且國家大勢，當守上游，兵至江南，禦之無及也。」孝孺乃因鉞附書於善。善得書，與鉞相對哭，誓死國。鉞至家，依父殯以居。

燕兵至江上，善受詔統兵勤王，以書招鉞。鉞知事不濟，辭以營葬畢乃赴。旣而童俊果以鎮江降燕。鉞聞國變，杜門不出。明年以戶科左給事中召，半途自投於水。以溺死聞，故其家得不坐。

曾鳳韶，廬陵人。洪武末年進士。建文初，嘗爲監察御史。燕王稱帝，以原官召，不赴。又以侍郎召，知不可免，乃刺血書衣襟曰：「予生廬陵忠節之邦，素負剛鯁之腸。讀書登進士第，仕宦至繡衣郎。〔三〕慨一死之得宜，可以含笑於地下，而不愧吾文天祥。」囑妻李氏、子公望：「勿易我衣，卽以此殮。」遂自殺，年二十九。李亦守節死。

王良，字天性，祥符人。洪武末，累官僉都御史，坐緩其僚友獄，貶刑部郎中。建文中，歷遷刑部左侍郎。議滅燕府人罪，不稱旨，出爲浙江按察使。燕王卽位，頗德之，遣使召良。良執使者將斬之，衆劫之去。良集諸司印於私第，將自殺，未卽決。妻問故。曰：「吾分應死，未知所以處汝耳。」妻曰：「君男子，乃爲婦人謀乎？」饋良食。食已，抱其子入後園，置子池旁，投水死。良殮妻畢，以子付友人家，遂積薪自焚，印俱毀。成祖曰：「死固良分，朝廷印不可毀。毀印，良不得無罪。」徙其家於邊。

陳思賢，茂名人。洪武末，爲漳州教授，以忠孝大義勖諸生。每部使者涖漳，參謁時必請曰：「聖躬安否？」燕王登極詔至，慟哭曰：「明倫之義，正在今日。」堅臥不迎詔。率其徒吳性原、〔四〕陳應宗、林珏、鄒君默、曾廷瑞、呂賢六人，即明倫堂爲舊君位，哭臨如禮。有司執之送京師，思賢及六生皆死。六生皆龍溪人。嘉靖中，提學副使邵銳立祠祀思賢，以六生侑食。

又台州有樵夫，日負薪入市，口不貳價。聞燕王即帝位，慟哭投東湖死。而溫州樂清亦有樵夫，聞京師陷，其鄉人卓侍郎敬死，號慟投於水。二樵皆逸其名。

程通，績溪人。嘗上書太祖，乞除其祖戍籍。詞甚哀，竟獲請。已，授遼府紀善。燕師起，從王泛海歸京師，上封事數千言，陳禦備策，進左長史。永樂初，從王徙荆州。有言其前上封事多指斥者。械至，死於獄。家屬戍邊。幷捕其友人徽州知府黃希范，論死，籍其家。

葉惠仲，臨海人。與兄夷仲並有文名，以知縣徵修太祖實錄，遷知南昌府。永樂元年坐直書「靖難」事，族誅。

黃彥清，歙人。官國子博士，以名節自勵，坐在梅殷軍中私謚建文帝，誅死。

蔡運，南康人。歷官四川參政，勁直不諧於俗，罷歸。復起知賓州，有惠政。永樂初，亦追論奸黨死。

石允常，寧海人。洪武二十七年進士。官河南僉事，廉介有聲。坐事謫常州同知。建文末，帥兵防江。軍潰，棄官去。後追錄廢周藩事，繫獄二年，免死戍邊。

高巍，遼州人，尚氣節，能文章。母蕭氏有痼疾，巍左右侍奉，至老無少懈。母死，蔬食廬墓三年。洪武中，旌孝行，由太學生試前軍都督府左斷事。疏墾河南、山東、北平荒田，又條上抑末技、愼選舉、惜名器數事。太祖嘉納之。尋以決事不稱旨，當罪，減死戍貴州關索嶺，特許弟姪代役，曰：「旌孝子也。」

及惠帝卽位，上疏乞歸田里。未幾，遼州知州王欽應詔辟巍。巍因赴吏部上書論時政。

用事者方議削諸王，獨巍與御史韓郁先後請加恩。略曰：「高皇帝分封諸王，比之古制，既皆過當，諸王又率多驕逸不法，違犯朝制。不削，朝廷綱紀不立；削之，則傷親親之恩。賈誼曰：『欲天下治安，莫如衆建諸侯而少其力。』今盍師其意，勿行晁錯削奪之謀，而效主父偃推恩之策。在北諸王，子弟分封於南；在南，子弟分封於北。如此則藩王之權，不削而自削矣。臣又願益隆親親之禮，歲時伏臘使人餽問。賢者下詔褒賞之。驕逸不法者，初犯容之，再犯赦之，三犯不改，則告太廟廢處之。豈有不順服者哉！」書奏，帝頷之。

已而燕兵起，命從李景隆出師參贊軍務。巍復上書，言：「臣願使燕，披忠膽，陳義禮，曉以禍福，感以親親之誼，令休兵歸藩。」帝壯其言，許之。巍至燕，自稱：

國朝處士高巍再拜上書燕王殿下：太祖上賓，天子嗣位，布維新之政，天下愛戴，皆曰「內有聖明，外有藩翰，成、康之治，再見於今矣。」不謂大王顯與朝廷絕，張三軍，抗六師，臣不知大王何意也。今在朝諸臣，文者智輳，武者勇奮，執言仗義，以順討逆，勝敗之機明於指掌。皆云「大王藉口誅左班文臣，實則吳王濞故智，其心路人所共知。」巍竊恐奸雄無賴，乘隙奮擊，萬一有失，大王得罪先帝矣。

今大王據北平，取密雲，下永平，襲雄縣，掩眞定，雖易若建瓴，然自兵興以來，業經數月，尙不能出蕞爾一隅地。且大王所統將士，計不過三十萬，以一國有限之衆應天下之師，亦易罷矣。大王與天子，義則君臣，親則骨肉，尚生離間，〔五〕況三十萬異姓之士能保其同心協力，效死於殿下乎？巍每念至此，未始不爲大王灑泣流涕也。

願大王信巍言，上表謝罪，再修親好。朝廷鑒大王無他，必蒙寬宥，太祖在天之靈亦安矣。倘執迷不悟，舍千乘之尊，捐一國之富，恃小勝，忘大義，以寡抗衆，爲僥倖不可成之悖事，巍不知大王所稅駕也。況大喪未終，毒興師旅，其與泰伯、夷、齊求仁讓國之義，不大逕庭乎？雖大王有肅清朝廷之心，天下不無簒奪嫡統之議，卽幸而不敗，謂大王何如人？

巍白髮書生，蜉蝣微命，性不畏死。洪武十七年蒙太祖高皇帝旌臣孝行。巍竊自負，既爲孝子，當爲忠臣，死忠死孝，巍至願也。如蒙賜死，獲見太祖在天之靈，巍亦可以無愧矣。

書數上，皆不報。

已而景隆兵敗，巍自拔南歸。至臨邑，遇參政鐵鉉，相持痛哭。奔濟南，誓死拒守，屢敗燕兵。及京城破，巍自經死驛舍。

郁疏略曰：

諸王親則太祖遺體，貴則孝康皇帝手足，尊則陛下叔父，使二帝在天之靈，子孫爲天子，而弟與子遭殘戮，其心安乎？臣每念至此，未嘗不流涕也。此皆豎儒偏見，病藩封太重，疑慮太深，乃至此。夫唇亡齒寒，人人自危。周王既廢，湘王自焚，代府被攝，而齊臣又告王反矣。爲計者必曰，兵不舉則禍必加，是朝廷執政激之使然。燕舉兵兩月矣，前後調兵不下五十餘萬，而一矢無獲，謂之國有謀臣可乎？經營既久，軍興輒乏，將不效謀，士不效力，徒使中原無辜赤子困於轉輸，民不聊生，日甚一日。九重之憂方深，而出入帷幄與國事者，方且揚揚自得。彼其勸陛下削藩國者，果何心哉？諺曰：「親者割之不斷，疎者續之不堅。」殊有理也。陛下不察，不待十年，悔無及矣。

臣至愚，感恩至厚，不敢不言。幸少垂洞鑒，興滅繼絕，釋代王之囚，封湘王之墓，還周王於京師，迎楚、蜀爲周公，俾各命世子持書勸燕，罷兵守藩，以慰宗廟之靈。明詔天下，撥亂反正，篤厚親親，宗社幸甚。

不聽。燕師渡江，郁棄官遁去，不知所終。

高賢寧，濟陽儒學生，嘗受學于教諭王省，以節義相砥礪。建文中，貢入太學。燕兵破德州，圍濟南，賢寧適在圍中，不及赴。是時燕兵勢甚張，黃子澄等謀遣使議和以怠之。尚寶司丞李得成者，慷慨請行，見燕王城下。王不聽，圍益急。參政鐵鉉等百計禦之。王射書城中諭降，賢寧作周公輔成王論，射城外。王悅其言，爲緩攻。相持兩月，卒潰去。

燕王卽位後，賢寧被執入見。成祖曰：「此作論秀才耶？秀才好人，予一官。」賢寧固辭。錦衣衞指揮紀綱，故劣行被黜生也，素與賢寧善，勸就職。賢寧曰：「君爲學校所棄，故應爾。我食廩有年，義不可，且嘗辱王先生之教矣。」綱爲言於帝，竟得歸，年九十七卒。

王璡，字器之，日照人。博通經史，尤長於春秋。初爲教授，坐事謫遠方。洪武末，以賢能薦，授寧波知府。夜四鼓卽秉燭讀書，聲徹署外。間詣學課諸生，諸生率四鼓起，誦習無敢懈。毀境內淫祠，三皇祠亦在毀中，或以爲疑。璡曰：「不當祠而祠曰淫，不得祠而祠曰瀆，惟天子得祭三皇，於士庶人無預，毀之何疑。」自奉儉約，一日饌用魚羹，璡謂其妻曰：「若不憶吾啖草根時耶？」命撤而埋之，人號「埋羹太守」。

燕師臨江，璡造舟艦謀勤王，爲衞卒縛至京，成祖問造舟何爲。對曰：「欲泛海趨瓜洲，阻師南渡耳。」帝亦不罪，放還里，以壽終。

周縉，字伯紳，武昌人。以貢入太學，授永清典史，攝令事。成祖舉兵，守令相率迎降，永清地尤近，縉獨爲守禦計。已，度不可爲，懷印南奔。道聞母卒，歸終喪。燕兵已迫，糾義旅勤王，聞京師不守，乃走匿。吏部言：「前北平所屬州縣官朱寧等二百九十人，當皇上靖難，俱棄職逃亡，宜置諸法。」詔令入粟贖罪，遣戍興州。有司遂捕縉，械送戍所。居數歲，子代還，年八十而沒。朱寧等皆無考。

牛景先，不知何許人。官御史。金川門開，易服宵遁，卒於杭州僧寺。已而窮治齊、黃黨，籍其家。

燕兵之入，一夕朝臣縋城去者四十餘人。其姓名爵里，莫可得而考。然世相傳，有程濟及河西傭、補鍋匠之屬。

程濟，朝邑人。有道術。洪武末官岳池教諭。惠帝卽位，濟上書言，某月日北方兵起。

帝謂非所宜言，逮至，將殺之。濟大呼曰：「陛下幸囚臣。臣言不驗，死未晚。」乃下之獄。已而燕兵起，釋之，改官編修。參北征軍淮上，敗，召還。或曰，徐州之捷，諸將樹碑紀功，濟一夜往祭，人莫測。後燕王過徐，見碑大怒，趣左右椎之。再椎，遽曰：「止，爲我錄文來。」已，按碑行誅，無得免者，而濟名適在椎脫處。然考其實，徐州未嘗有捷也。金川門啓，濟亡去。或曰帝亦爲僧出亡，濟從之。莫知所終。

河西傭，不知何許人。建文四年冬，披葛衣行乞金城市中。已，至河西爲傭於莊浪魯氏，取直買羊裘，而以故葛衣覆其上，破縷縷不肯棄。力作倦，輒自吟哦，或夜聞其哭聲。久之，有京朝官至，識傭，欲與語，走南山避之，或問京朝官，傭何人，官亦不答。在莊浪數年，病且死，呼主人屬曰：「我死勿殮。西北風起，火我，勿埋我骨。」魯家從其言。

補鍋匠者，常往來夔州、重慶間，業補鍋，凡數年，川中人多識之。一日，於夔州市遇一人，相顧愕然。已，相持哭，共入山巖中，坐語竟日。復相持哭，別去。其人卽馮翁也。翁在夔以章句授童子，給衣食，能爲古詩。詩後題馬二子，或馬公，或塞馬先生。後二人皆不知所終。

又會稽有二隱者：一雲門僧，一若耶溪樵。僧每泛舟賦詩，歸卽焚之。樵每於溪沙上以荻畫字，已，輒亂其沙。人有疑之者，從後抱持觀之，則皆孤臣去國之詞也。

時又有玉山樵者，居金華之東山，麻衣戴笠，終身不易。嘗爲王姓者題詩曰「宗人」，故疑其王姓云。雪庵和尚，人疑其爲葉希賢，見練子寧傳。

其後數十年，松陽王詔游治平寺，於轉輪藏上得書一卷，載建文亡臣二十餘人事蹟，楮墨斷爛，可識者僅九人。梁田玉、梁良玉、梁良用、梁中節，皆定海人，同族，同仕於朝。田玉，官郎中，京師破，去爲僧。良玉，官中書舍人，變姓名，走海南，鬻書以老。良用爲舟師，死於水。中節好老子、太玄經，爲道士。何申、宋和、郭節，俱不知何許人，同官中書。申使蜀，至峽口聞變，嘔血，疽發背死。和及節挾卜筮書走異域，客死。何洲，海州人。不知何官，亦去爲卜者，客死。郭良，官籍俱無考，與梁中節相約棄官爲道士。餘十一人並失其姓名。縉雲鄭僖紀其事爲忠賢奇秘錄，傳於世。

及萬曆時，江南又有致身錄，云得之茅山道書中。建文時，侍書吳江史仲彬所述，紀帝出亡後事甚具。仲彬、程濟、葉希賢、牛景先皆從亡之臣。又有廖平、金焦諸姓名，而雪菴和尚、補鍋匠等，具有姓名、官爵，一時士大夫皆信之。給事中歐陽調律上其書於朝，欲爲請謚立祠。然考仲彬實未嘗爲侍書，錄蓋晚出，附會不足信。

贊曰：「靖難」之役，朝臣多捐軀殉國。若王艮以下諸人之從容就節，非大義素明者不能也。高巍一介布衣，慷慨上書，請歸藩服；其持論甚偉，又能超然遠引，晦跡自全，可稱奇士。若夫行遯諸賢，雖其姓字雜出於諸家傳紀，未足徵信，而忠義奇節，人多樂道之者。傳曰：「與其過而去之，寧過而存之。」亦足以扶植綱常，使懦夫有立志也。

校勘記

〔一〕洪武中旗孝子太祖嘗謂之曰　按本立爲秦府引禮舍人時，始見明太祖，見國朝獻徵錄卷五六程公本立傳。此所記係本立舉明經秀才以前事，不可能見到明太祖，傳文顯有脫誤。明史稿傳二七程本立傳稱本立「與海鹽沈壽康友善，壽康孝」，洪武朝旌孝子，壽康「嘗謂本立曰」云云。本傳脫去壽康事，並以壽康之語誤爲明太祖語。

〔二〕奉詔募兵上游　奉詔，原作「奏召」，據明史稿傳二七黄觀傳、明書卷一〇四黄觀傳、明詩紀事乙卷一改。

〔三〕仕至繡衣郎　繡衣郎，原誤作「錦衣郎」，據明史稿傳二七曾鳳韶傳改。

〔四〕率其徒吳性原　吳，明史稿傳六陳思賢傳作「伍」。明史考證攟逸卷六注曰：「按遜國忠記及福建通志俱作伍性原。」

〔五〕尚生離間　生，原作「在」，據明史稿傳二八高巍傳、明書卷一〇四高巍傳改。

明史卷一百四十四

列傳第三十二

盛庸　平安　何福　顧成

盛庸，不知何許人。洪武中，累官至都指揮。建文初，以參將從耿炳文伐燕。李景隆代炳文，遂隸景隆麾下。

二年四月，景隆敗於白溝河，走濟南。燕師隨至，景隆復南走。庸與參政鐵鉉悉力固守，燕師攻圍三月不克。庸、鉉乘夜出兵掩擊，燕衆大敗，解圍去，乘勝復德州。九月論功封歷城侯，祿千石。尋命爲平燕將軍，充總兵官。陳暉、平安爲左右副總兵，馬溥、徐眞爲左右參將，進鉉兵部尚書參贊軍務。

時吳傑、平安守定州，庸駐德州，徐凱屯滄州，爲掎角。是冬，燕兵襲滄州，破擒凱，掠其輜重，進薄濟寧。庸引兵屯東昌以邀之，背城而陣。燕王帥兵直前薄庸軍左翼，不動。復衝中堅，庸開陣縱王入，圍之數重。燕將朱能帥番騎來救，王乘間突圍出。而燕軍爲火器所傷甚衆，大將張玉死於陣。王獨以百騎殿，退至館陶。庸檄吳傑、平安自眞定遮燕歸路。明年正月，傑、平安戰深州不利，燕師始得歸。是役也，燕精銳喪失幾盡，庸軍聲大振，帝爲享廟告捷。

三月，燕兵復南出保定。庸營夾河。王將輕騎來覘，掠陣而過。庸遣千騎追之，爲燕兵射却。及戰，庸軍列盾以進。王令步卒先攻，騎兵乘間馳入。庸麾軍力戰，斬其將譚淵。而朱能、張武等帥衆殊死鬭，王以勁騎貫陣與能合，庸部驍將莊得、皂旗張等俱戰死。是日，燕軍幾敗。明日復戰，燕軍東北，庸軍西南，自辰至未，互勝負。兩軍皆疲，將士各坐息。復起戰，忽東北風大起，飛塵蔽天。燕兵乘風大呼，左右橫擊。庸大敗，走還德州，自是氣沮。已而燕將李遠焚糧艘於沛縣，庸軍遂乏餉。

明年，靈璧戰敗，平安等被執。庸獨引軍而南，列戰艦淮南岸。燕將丘福等潛濟，出庸後。庸不能支，退爲守江計。燕兵渡淮，由盱眙陷揚州。庸禦戰于六合及浦子口，皆失利。都督陳瑄帥舟師降燕，燕兵遂渡江。庸倉卒聚海艘出高資港迎戰，復敗，軍益潰散。

成祖入京師，庸以餘衆降，卽命守淮安。尋賜敕曰：「比以山東未定，命卿鎭守淮安。今鐵鉉就獲，諸郡悉平。朕念山東久困兵革，憊于轉輸。卿宜輯兵養民，以稱朕意。」永樂元年致仕。無何，千戶王欽訐庸罪狀，立進欽指揮同知。於是都御史陳瑛劾庸怨望有異圖。庸自殺。

平安，滁人，小字保兒。父定，從太祖起兵，官濟寧衞指揮僉事。從常遇春下元都，戰沒。安初爲太祖養子，驍勇善戰，力舉數百斤。襲父職，遷密雲指揮使，進右軍都督僉事。建文元年伐燕，安以列將從征。及李景隆代將，用安爲先鋒。燕王將渡白溝河，安伏萬騎河側邀之。燕王曰：「平安，豎子耳，往歲從出塞，識我用兵，今當先破之。」及戰，不能挫安。時南軍六十萬，列陣河上。王師將士馳入陣，戰至暝，互有殺傷。及夜深，乃各斂軍。燕王失道，從者僅三騎，下馬伏地視河流辨東西，始知營壘所在。明日再戰，安擊敗燕將房寬、陳亨。燕王見事急，親冒矢石力戰。馬創矢竭，劍折不可擊。走登堤，佯舉鞭招後騎以疑敵。會高煦救至，乃得免。當是時，諸將中安戰最力，王幾爲安槊所及。已而敗，語詳成祖紀。

燕兵圍濟南。安營單家橋，謀出御河奪燕餉舟。又選善水卒五千人渡河，將攻德州。圍乃解。安與吳傑進屯定州。明年，燕敗盛庸於夾河，迴軍與安戰單家橋。安奮擊大破之，擒其將薛祿，無何，逸去。再戰滹沱河，又破之。安於陣中縛木爲樓，高數丈。戰酣，輒登樓望，發强弩射燕軍，死者甚衆。忽大風起，發屋拔樹，聲如雷。都指揮鄧戩、陳鵬等陷敵中，安遂敗走眞定。燕王與南軍數大戰，每親身陷陣，所向皆靡，惟安與庸二軍屢挫之。滹沱之戰，矢集王旗如蝟毛。王使人送旗北平，諭世子謹藏以示後世。顧成已先被執在燕，見而泣曰：「臣自少從軍。今老矣，多歷戰陣，未嘗見若此也。」

踰月，燕師出大名。安與庸及吳傑等分兵擾其餉道。燕王患之，遣指揮武勝上書於朝，請撤安等息兵，爲緩師計。帝不許。燕王亦決計南下，遣李遠等潛走沛縣，焚糧舟，掠彰德，破尾尖寨，諭降林縣。時安在眞定，度北平空虛，帥萬騎直走北平。至平村，去城五十里而軍。燕王懼，遣劉江等馳還救。安戰不利，引還。時大同守將房昭引兵入紫荊關，據易州西水寨以窺北平，安自眞定餉之。八月，燕兵北歸。安及燕將李彬戰於楊村，敗之。

四年，燕兵復南下，破蕭縣。安引軍躡其後，至淝河。燕將白義、王眞、劉江迎敵。安轉戰，斬眞。眞，驍將，燕王嘗曰：「諸將奮勇如王眞，何事不成。」至是爲安所殺。燕王乃身自迎戰。安部將火耳灰挺槊大呼，直前刺王。馬忽蹶被擒，安稍引却。已，復進至小河，張左右翼擊燕軍，斬其將陳文。已，復移軍齊眉山，與諸將列陣大戰，自午至酉，又敗之。燕諸將謀北還，圖後舉。王不聽。尋何福軍亦至，與安合。燕軍益大懼，王晝夜擐甲者數日。

福欲持久老燕師，移營靈璧，深塹高壘自固，而糧運爲燕兵所阻，不得達。安分兵往迎，燕王以精騎遮安軍，分爲二。福開壁來援，爲高煦所敗。諸將謀移軍淮河就糧，夜令軍中聞三礮卽走。翌日，燕軍猝薄壘，發三礮。軍中誤以爲己號，爭趨門，遂大亂。燕兵乘之，人馬墜壕塹俱滿。福單騎走，安及陳暉、馬溥、徐眞、孫成等三十七人皆被執。文臣宦官在軍被執者又百五十餘人，時四月辛巳也。安久駐眞定，屢敗燕兵，斬驍將數人，燕將莫敢攖其鋒。至是被擒，軍中歡呼動地曰：「吾屬自此獲安矣。」爭請殺安。燕王惜其材勇，選銳卒衞送北平，命世子及郭資等善視之。

王卽帝位，以安爲北平都指揮使，尋進行後府都督僉事。永樂七年三月，帝巡北京。將至，覽章奏見安名，謂左右曰：「平保兒尙在耶？」安聞之，遂自殺。命以指揮使祿給其子。

何福，鳳陽人。洪武初，累功爲金吾後衞指揮同知。從傅友德征雲南，擢都督僉事。又從藍玉出塞，至捕魚兒海。二十一年，江陰侯吳高帥迤北降人南征。抵沅江，衆叛，由思州出荆、樊，道渭河，欲遁歸沙漠。明年正月，福與都督聶緯追擊，及諸鄜、延，盡殲之。移兵討平都勻蠻，俘斬萬計。

二十四年，拜平羌將軍，討越州叛蠻阿資，破降之。擇地立柵處其衆，置寧越堡。遂平九名、九姓諸蠻。尋與都督茅鼎會兵徇五開。未行，而畢節諸蠻復叛，大掠屯堡，殺吏士。福令畢節諸衞嚴備，而檄都督陶文等從鼎擣其巢。擒叛酋，戮之，分兵盡捕諸蠻，建堡設戍，乃趨五開。請因兵力討水西奢香。不許。

三十年三月，水西蠻居宗必登等作亂，會顧成討平之。其冬拜征虜左將軍，副西平侯沐春討麓川叛蠻刀幹孟。〔一〕明年，福與都督瞿能踰高良公山，擣南甸，擒其酋刀名孟。回軍擊景罕寨，不下。春以銳軍至，賊驚潰，幹孟懼，乞降。已而春卒，賊復懷貳。是時太祖已崩，惠帝初卽位，拜福征虜將軍。福遂破擒刀幹孟，降其衆七萬，分兵徇下諸寨，麓川地悉定。建文元年還京師，論功進都督同知。練兵德州，進左都督。與盛庸、平安會兵伐燕，戰淮北不利，奔還。

成祖卽位，以福宿將知兵，推誠用之，聘其女徐氏爲趙王妃。尋命佩征虜將軍印，充總兵官，鎭寧夏，節制山、陝、河南諸軍。福至鎭，宣布德意，招徠遠人，塞外諸部降者相踵。邊陲無事，因請置驛屯田積穀，定賞罰，爲經久計。會有讒之者。帝不聽，降敕褒慰。

永樂五年八月移鎭甘肅。〔二〕福馭軍嚴，下多不便者。帝聞使使戒福，善自衞，毋爲小人所中。六年，福請遣京師蕃將將迤北降人。帝報曰：「爾久總蕃、漢兵，恐勢衆致讒耳。爾老將，朕推誠倚重，毋顧慮。」尋請以布市馬，選其良者別爲羣，置官給印專領之。于是馬大蕃息。永昌苑牧馬自此始。

明年，本雅失里糾阿魯台將入寇，爲瓦剌所敗，走臚朐河，欲收諸部潰卒窺河西。詔福嚴兵爲備。迤北王子、國公、司徒以下十餘人帥所部駐亦集乃，乞內附。福以聞。帝令庶子楊榮往佐福經理，其衆悉降。福親至亦集乃鎭撫之，送其酋長於京師。帝嘉福功，命榮卽軍中封福爲寧遠侯，祿千石，且詔福軍中事先行後聞。

八年，帝北征，召福從出塞。初，帝以福有才略，寵任踰諸將。福亦善引嫌，有事未嘗專決。在鎭嘗請取西平侯家葷昌蓄馬，以充孳牧。帝報曰：「皇考時貴近家多許養馬，以示共享富貴之意。爾所奏固爲國矣，然非待勳戚之道。」不聽。其餘有請輒行，委寄甚重。及從征，數違節度。羣臣有言其罪者，福益怏怏有怨言。師還，都御史陳瑛復劾之。福懼，自縊死，爵除。而趙王妃亦尋廢。

顧成，字景韶，其先湘潭人。祖父業操舟，往來江、淮間，遂家江都。成少魁岸，膂力絕人，善馬槊，文其身以自異。太祖渡江，來歸，以勇選爲帳前親兵，擎蓋出入。嘗從上出，舟膠於沙，成負舟而行。從攻鎭江，與勇士十人轉鬬入城，被執，十人皆死，成躍起斷縛，仆持刀者，脫歸。導衆攻城，克之，授百戶。大小數十戰，皆有功，進堅城衞指揮僉事。從伐蜀，攻羅江，擒元帥以下二十餘人，進降漢州，蜀平，改成都後衞。洪武六年擒重慶妖賊王元保。

八年調守貴州。時羣蠻叛服不常。成連歲出兵，悉平之。已，從潁川侯傅友德征雲南，爲前鋒，首克普定，留成列栅以守。蠻數萬來攻，成出栅，手殺數十百人，賊退走。餘賊猶在南城，成斬所俘而縱其一曰：「吾夜二鼓來殺汝。」夜二鼓，吹角鳴礮。賊聞悉走，獲器甲無算，進指揮使。諸蠻隸普定者悉平。十七年平阿黑、螺螄等十餘寨。明年奏罷普定府，析其地爲三州、六長官司，進貴州都指揮同知。有告其受賕及僭用玉器等物者，以久勞不問。二十九年遷右軍都督僉事，佩征南將軍印，會何福討水西蠻，〔三〕斬其酋居宗必登。明年，西堡、滄浪諸寨蠻亂。成遣指揮陸秉與其子統分道討平之。成在貴州凡十餘年，討平諸苗洞寨以百數，皆誅其渠魁，撫綏餘衆。恩信大布，蠻人帖服。是年二月，召還京。

建文元年爲左軍都督，從耿炳文禦燕師，戰眞定，被執。燕王解其縛曰：「此天以爾授我也。」送北平，輔世子居守。南軍圍城，防禦調度一聽於成。燕王卽位，論功封鎭遠侯，食祿千五百石，予世券，命仍鎭貴州。

永樂元年上書，請嚴備西北諸邊，及早建東宮。帝褒答之。六年三月召至京，賜金帛遣還。思州宣慰使田琛與思南宣慰使田宗鼎搆兵，詔成以兵五萬壓其境，琛等就擒。於是分思州、思南地更置州縣，遂設貴州布政司。其年八月，臺羅苗普亮等作亂，詔成帥二都司三衞兵討平之。

成性忠謹，涉獵書史。始居北平，多效謀畫，然終不肯將兵，賜兵器亦不受。再鎭貴州，屢平播州、都勻諸叛蠻，威鎭南中，土人立生祠祀焉。其被召至京也，命輔太子監國。成頓首言：「太子仁明，廷臣皆賢，輔導之事非愚臣所及，請歸備蠻。」時羣小謀奪嫡，太子不自安。成入辭文華殿，因曰：「殿下但當竭誠孝敬，孳孳恤民，萬事在天，小人不足措意。」十二年五月卒，年八十有五。贈夏國公，謚武毅。

八子。長統，普定衞指揮，以成降燕被誅。

統子興祖嗣侯。仁宗即位，廣西蠻叛。詔興祖爲總兵官討之。先後討平潯州、平樂、思恩、宜山諸苗，降附甚衆。宣德中，交阯黎利復叛，陷隘留關，圍丘溫。時興祖在南寧，坐擁兵不援，徵下錦衣衞獄，踰年得釋。正統末，從北征，自土木脫歸，論死。也先逼都城，復冠帶，充副總兵，禦敵於城外。授都督同知，守備紫荆關。景泰三年坐受賄，復下獄，尋釋。以立東宮恩，予伯爵。天順初，復侯，守備南京，卒。孫淳嗣，卒，無子。

從弟溥嗣，掌五軍右掖。弘治二年拜平蠻將軍，鎮湖廣。始至，捕斬苗中首惡。五年十月，貴州都勻苗乜富架作亂，自稱都順王，梗滇、蜀道。詔溥充總兵官，帥兵八萬討之，分五路刻期並進。誅富架父子，斬首萬計，加太子太保，增祿二百石。召入提督團營，掌前軍都督府事。十六年卒。〔四〕謚襄恪。溥淸愼守法，卒之日，囊無餘資，英國公張懋出布帛以斂。

子仕隆嗣，管神機營左哨，得士心。正德初，出爲漕運總兵，數請恤軍卒。鎮淮安十餘年，以淸白聞。武宗南巡，江彬橫甚，折辱諸大吏，惟仕隆不爲屈。嘉靖初，移鎮湖廣。尋召還，論奉迎防守功，加太子太傅，掌中軍都督府事。錦衣千戶王邦奇者，怨大學士楊廷和、兵部尚書彭澤，上疏言：「哈密失策，事由兩人。」帝怒，逮繫廷和諸子壻。給事中楊言疏救，忤旨，事下五府九卿科道議。仕隆言：「廷和功在社稷。邦奇小人，假邊事惑聖聽，傷國體。」有詔切責，移病解營務，卒。贈太傅，謚榮靖。

子寰嗣，守備南京，奉詔讞獄，多所平反。十七年爲漕運總兵官。明年，獻皇后梓宮赴承天，漕舟以避梓宮後期者三千。而江南北多災傷。寰請被災地停漕一年，令改折色。軍民交便。又條上漕政七事，並施行。諸爲漕蠹者病之，遂布蜚語，爲給事中王交所劾。已，按驗不實，再鎮淮安。會安南事起，移鎮兩廣。

莫宏瀷者，安南都統使莫福海子也。福海死，宏瀷幼，其權臣阮敬與族人莫正中構兵，國內亂，正中逃入欽州。時有議乘釁取安南者。寰與提督侍郎周延決策，請于朝，令宏瀷襲都統使，安南遂定。三十年事也。尋以兵討平桂林、平樂叛猺。

復命鎮淮，有禦倭功。入總京營，加太子太保。復出督漕。召還。請老。隆慶五年特起授京營總督。尋乞休。神宗嗣位，起掌左府。久之，致仕。加少保。萬曆九年卒。〔五〕贈太傅，謚榮僖。

自溥至寰，三世皆寬和廉靖，內行飭謹，曉文藝。仕隆、寰兩世督漕，皆勤於職。三傳至孫肇跡，京師陷，死於賊。

贊曰：東昌、小河之戰，盛庸、平安屢挫燕師，斬其驍將，厥功甚壯。及至兵敗被執，不克引義自裁，隱忍偷生，視鐵鉉、暴昭輩，能無愧乎？何福、顧成皆太祖時宿將，著功邊徼，而一遇燕兵，或引却南奔，或身遭俘馘。成祖棄瑕錄舊，均列茅土，亦云幸矣。福固不以功名終，而成之延及苗裔，榮不勝辱，亦奚足取哉。

校勘記

〔一〕西平侯沐春討麓川叛蠻刀幹孟　麓川，原作「麓州」，據本傳下文及本書卷三太祖紀、卷一二六沐春傳、卷三一四麓川傳，太祖實錄卷二五五洪武三十年九月戊辰條改。

〔二〕永樂五年八月移鎭甘肅　五年，原作「四年」，據本書卷六成祖紀及太宗實錄卷五一永樂五年八月乙酉條改。

〔三〕佩征南將軍印會何福討水西蠻　按此係洪武三十年事，見本書同卷何福傳、卷三太祖紀、卷一六六韓觀傳，太祖實錄卷二五〇洪武三十年二月庚寅條，傳文上應有「明年」二字。否則下文「明年」將成爲「三十年」，而「西堡、滄浪諸寨蠻亂」在三十一年，見太祖實錄卷二五六洪武三十一年二月庚子條。

〔四〕十六年卒　十六年，原作「十八年」，據孝宗實錄卷二〇〇弘治十六年六月己酉條、國朝獻徵錄卷七顧溥神道碑改。

〔五〕萬曆九年卒　九年，原作「十年」，據本書卷一〇六功臣世表及神宗實錄卷一一九萬曆九年十二月甲午條改。

明史卷一百四十五

列傳第三十三

姚廣孝　張玉子輗　軏　從子信　朱能　丘福李遠

王忠　王聰　火眞　譚淵　王眞　陳亨子懋　徐理

房寬　劉才

姚廣孝，長洲人，本醫家子。年十四，度爲僧，名道衍，字斯道，事道士席應眞，得其陰陽術數之學。嘗游嵩山寺，相者袁珙見之曰：「是何異僧，目三角，形如病虎，性必嗜殺，劉秉忠流也。」道衍大喜。

洪武中，詔通儒書僧試禮部。不受官，賜僧服還。經北固山，賦詩懷古。其儕宗泐曰：「此豈釋子語耶？」道衍笑不答。高皇后崩，太祖選高僧侍諸王，爲誦經薦福。宗泐時爲左善世，舉道衍。燕王與語甚合，請以從。至北平，住持慶壽寺。出入府中，跡甚密，時時屏人語。及太祖崩，惠帝立，以次削奪諸王，周、湘、代、齊、岷相繼得罪，道衍遂密勸成祖舉兵。成祖曰：「民心向彼，奈何？」道衍曰：「臣知天道，何論民心。」乃進袁珙及卜者金忠。於是成祖意益決，陰選將校，勾軍卒，收材勇異能之士。燕邸，故元宮也，深邃。道衍練兵後苑中。穴地作重屋，繚以厚垣，密甃瓴甋瓶缶，日夜鑄軍器，畜鵝鴨亂其聲。

建文元年六月，燕府護衛百戶倪諒上變。詔逮府中官屬。都指揮張信輸誠於成祖，成祖遂決策起兵。適大風雨至，簷瓦墮地，成祖色變。道衍曰：「祥也。飛龍在天，從以風雨。瓦墮，將易黃也。」兵起，以誅齊泰、黃子澄爲名，號其衆曰「靖難之師」。道衍輔世子居守。其年十月，成祖襲大寧，李景隆乘間圍北平。道衍守禦甚固，擊却攻者。夜縋壯士擊傷南兵。援師至，內外合擊，斬首無算。景隆、平安等先後敗遁。成祖圍濟南三月，不克，道衍馳書曰：「師老矣，請班師。」乃還。復攻東昌，戰敗，亡大將張玉，復還。成祖意欲稍休，道衍力趣之，益募勇士，敗盛庸，破房昭西水寨。道衍語成祖：「毋下城邑，疾趨京師。京師單弱，勢必舉。」從之。遂連敗諸將於淝河、靈璧，渡江入京師。

成祖卽帝位，授道衍僧錄司左善世。帝在藩邸，所接皆武人，獨道衍定策起兵。及帝轉戰山東、河北，在軍三年，或旋或否，戰守機事皆決於道衍。道衍未嘗臨戰陣，然帝用兵有天下，道衍力爲多，論功以爲第一。永樂二年四月拜資善大夫、太子少師，復其姓，賜名廣孝，贈祖父如其官。帝與語，呼少師而不名。命蓄髮，不肯。賜第及兩宮人，皆不受。常居僧寺，冠帶而朝，退仍緇衣。出振蘇、湖，至長洲，以所賜金帛散宗族鄉人。重修太祖實錄，廣孝爲監修。又與解縉等纂修永樂大典。書成，帝褒美之。帝往來兩都，出塞北征，廣孝皆留輔太子於南京。五年四月，皇長孫出閣就學，廣孝侍說書。

十六年三月入覲，年八十有四矣，病甚，不能朝，仍居慶壽寺。車駕臨視者再，語甚歡，賜以金唾壺，問所欲言。廣孝曰：「僧溥洽繫久，願赦之。」溥洽者，建文帝主錄僧也。初，帝入南京，有言建文帝爲僧遁去，溥洽知狀，或言匿溥洽所。帝乃以他事禁溥洽，而命給事中胡濙等偏物色建文帝，久之不可得，溥洽坐繫十餘年。至是，帝以廣孝言，卽命出之。廣孝頓首謝。尋卒。帝震悼，輟視朝二日，命有司治喪，以僧禮葬。追贈推誠輔國協謀宣力文臣、特進榮祿大夫、上柱國、榮國公，諡恭靖。賜葬房山縣東北。帝親製神道碑誌其功，官其養子繼尚寶少卿。

廣孝少好學，工詩。與王賓、高啓、楊孟載友善。宋濂、蘇伯衡亦推奬之。晚著道餘錄，頗毀先儒，識者鄙焉。其至長洲，候同產姊。姊不納。訪其友王賓。賓亦不見，但遙語曰：「和尚誤矣，和尚誤矣。」復往見姊。姊詈之。廣孝惘然。

洪熙元年加贈少師，配享成祖廟庭。嘉靖九年，世宗諭閣臣曰：「姚廣孝佐命嗣興，勞烈具有。顧係釋氏之徒，班諸功臣，侑食太廟，恐不足尊敬祖宗。」於是尚書李時偕大學士張璁、桂萼等議請移祀大興隆寺，太常春秋致祭。詔曰：「可。」

張玉，字世美，祥符人。仕元爲樞密知院。元亡，從走漠北。洪武十八年來歸。從大軍出塞，至捕魚兒海，以功授濟南衞副千戶，遷安慶衞指揮僉事。又從征遠順、散毛諸洞，北逐元人之擾邊者，至鵶寒山還，調燕山左護衞。從燕王出塞，至黑松林。又從征野人諸部，以驍果善謀畫，爲王所親任。

建文元年，成祖起兵。玉帥衆奪北平九門，撫諭城內外，三日而定。師將南，玉獻計，遣朱能東攻薊州，殺馬宣，降遵化，分兵下永平、密雲，皆致其精甲以益師。擢都指揮僉事。是時朝廷遣大兵討燕，都督徐凱軍河間，潘忠、楊松軍鄚州，長興侯耿炳文以三十萬衆軍眞定。玉進說曰：「潘、楊勇而無謀，可襲而俘也。」成祖命玉將親兵爲前鋒，抵樓桑。値中秋，南軍方宴會。夜半，疾馳破雄縣。忠、松來援，邀擊於月漾橋，生擒之，遂克鄚州。自以輕騎覘炳文軍。還言軍無紀律，其上有敗氣，宜急擊。成祖遂引兵西，至無極，顧諸將謀所嚮。諸將以南軍盛，請屯新樂。玉曰：「彼雖衆，皆新集。我軍乘勝徑趨眞定，破之必矣。」成祖喜曰：「吾倚玉足濟大事。」明日抵眞定，大破炳文軍，獲副將李堅、甯忠，都督顧成等，斬首三萬，復敗安陸侯吳傑軍，燕兵由是大振。

江陰侯吳高以遼東兵圍永平。曹國公李景隆引數十萬衆將攻北平。成祖與玉謀，先援永平。至則高遁走，玉追斬甚衆。遂從間道襲大寧，拔其衆而還。次會州。初立五軍，以玉將中軍。時李景隆已圍北平，成祖旋師，大戰於鄭村壩。景隆敗，成祖乘勝抵城下。城中兵鼓譟出，內外夾攻，南軍大潰。

明年從攻廣昌、蔚州、大同。諜報景隆收潰卒，號百萬，且復至。玉曰：「兵貴神速，請先據白溝河，以逸待勞。」駐河上三日，景隆至，以精騎馳擊，復大敗之。進拔德州，追奔至濟南，圍其城三月，解圍還。尋再出，破滄州，擒徐凱，進攻東昌，與盛庸軍遇。成祖以數十騎繞出其後。庸圍之數重，成祖奮擊得出。玉不知成祖所在，突入陣中力戰，格殺數十人，被創死。年五十八。

燕兵起，轉鬬三年，鋒銳甚。至是失大將，一軍奪氣。師還北平，諸將叩頭請罪。成祖曰：「勝負常事，不足計，恨失玉耳。艱難之際，失吾良輔。」因泣下不能止，諸將皆泣。其後譚淵沒於夾河，王眞沒於淝河，雖悼惜，不如玉也。建文四年六月，成祖稱帝，贈玉都指揮同知。九月甲申追贈榮國公，諡忠顯。洪熙元年三月加封河間王，改諡忠武，與東平王朱能、金鄉侯王眞、榮國公姚廣孝並侑享成祖廟廷。

子三人，長輔，次輗，次軏。從子信。輔自有傳。

輗，以功臣子爲神策衞指揮使。正統五年，英國公輔訴輗毆守墳者，斥及先臣，詞多悖慢。帝命錦衣衞鞫實，錮之，尋釋。三遷至中府右都督，領宿衞。景泰三年加太子太保。英宗復位，以輗迎立功，并封輗文安伯，食祿千二百石。天順六年卒。贈侯，諡忠僖。子斌嗣，坐詛咒，奪爵。

軏，永樂中入宿衞，爲錦衣衞指揮僉事。從宣宗征高煦，又從成國公朱勇出塞至氈帽山。正統十三年以副總兵征麓川。還，討貴州叛苗。積功爲前府右都督，總京營兵。景泰二年坐驕淫不道下獄，尋釋。景帝不豫，與石亨、曹吉祥迎上皇於南城，封太平侯，食祿二千石。于謙、王文、范廣之死，軏有力焉。納賄亂政，亞于亨。天順二年卒，贈裕國公，諡勇襄。子瑾嗣，成化元年，〔一〕革「奪門」功，奪侯，授指揮使。

信，舉建文二年鄉試第一。永樂中，歷刑科都給事中，數言事。擢工部右侍郎。奉命視開封決河，請疏魚王口至中灤故道二十餘里。詔如其議，詳宋禮傳。出治浙江海塘，坐事謫交阯。洪熙初，召爲兵部左侍郎。帝嘗謂英國公輔：「有兄弟可加恩者乎？」輔頓首言：「輗、軏蒙上恩，備近侍，然皆奢侈，獨從兄侍郎信賢，可使也。」帝召見信曰：「是英國公兄耶？」趣武冠冠之，改錦衣衞指揮同知，世襲。時去開國未遠，武階重故也。居職以平恕稱。宣德六年遷四川都指揮僉事。在蜀十五年致仕。

朱能，字士弘，懷遠人。父亮，從太祖渡江，積功至燕山護衞副千戶。能嗣職，事成祖藩邸。嘗從北征，降元太尉乃兒不花。

燕兵起，與張玉首謀殺張昺、謝貴，奪九門。授指揮同知。帥衆拔薊州，殺馬宣，下遵化。從破雄縣，戰月漾橋，執楊松、潘忠，降其衆於鄚州。長驅至眞定，大敗耿炳文軍。獨與敢死士三十騎追奔至滹沱河，躍馬大呼突南軍。軍數萬人皆披靡，蹂藉死者甚衆，降三千餘人。成祖以手札勞之，進都指揮僉事。從援永平，走吳高，襲克大寧。還，將左軍。破李景隆於鄭村壩。從攻廣昌、蔚州、大同，戰白溝河，爲前鋒，再敗平安軍。進攻濟南，次鏵山。〔三〕南軍乘高而陣，能以奇兵繞其後，襲破之，降萬餘人。從攻滄州，破東門入，斬首萬餘級。

東昌之戰，盛庸、鐵鉉圍成祖數重，張玉戰死。事急，能帥周長等殊死鬭，翼成祖潰圍出。復從戰夾河，譚淵死，燕師挫。能至，再戰再捷，軍復振。與平安戰藁城，敗之，追奔至眞定，略地彰德、定州，破西水寨。將輕騎千人掠衡水，獲指揮賈榮，克東阿、東平，盡破汶上諸寨。

既而王眞戰死淝河，燕軍屢敗，諸將議旋師。能獨按劍曰：「漢高十戰九敗，終有天下。今舉事連得勝，小挫輒歸，更能北面事人耶！」成祖亦叱諸將曰：「任公等所之。」諸將乃不敢言。遂引兵南，敗平安銀牌軍。都督陳暉來援，又敗之。遂拔靈壁軍，擒平安等，降十萬衆。累遷右軍都督僉事。進克泗州，渡淮，敗盛庸兵。拔盱眙，下揚州，渡江，入金川門。九月甲申論功，次丘福，授奉天靖難推誠宣力武臣、特進榮祿大夫、右柱國、左軍都督府左都督，封成國公，祿二千二百石，與世券。永樂二年兼太子太傅，加祿千石。四年七月詔能佩征夷將軍印，西平侯沐晟爲左副將軍，由廣西、雲南分道討安南，帝親送之龍江。十月行次龍州，卒於軍。年三十七。

能於諸將中年最少，善戰，張玉善謀，帝倚爲左右手。玉歿後，軍中進止悉諮能。能身長八尺。雄毅開豁，居家孝友。位列上公，未嘗以富貴驕人。善撫士卒，卒之日，將校皆爲流涕。敕葬昌平，追封東平王，謚武烈。洪熙時，配享成祖廟廷。

子勇嗣。以元勳子特見任用。歷掌都督府事，留守南京。永樂二十二年從北征。宣宗卽位，從平漢庶人，征兀良哈。張輔解兵柄，詔以勇代。勇以南北諸衞所軍備邊轉運，錯互非便。請專令南軍轉運，北軍備邊。又言：「京軍多遠戍，非居重馭輕之道，請選精兵十萬益之。」又請令公、侯、伯、都督子弟操練。皆報可。正統九年出喜峯口，擊朶顏諸部，至富峪川而還，爲兵部尙書徐晞所劾。詔不問。尋論功，加太保。

勇頳面虬鬚，狀貌甚偉，勇略不足，而敬禮士大夫。十四年從駕至土木，迎戰鷂兒嶺，中伏死，所帥五萬騎皆沒。于謙等追論勇罪，奪封。景泰元年，勇子儀乞葬祭，帝以勇大將，喪師辱國，致陷乘輿，不許。已，請襲，禮部尙書胡濙主之，又以立東宮恩得嗣，減歲祿至千石。天順初，追封勇平陰王，謚武愍。儀及子輔皆守備南京。

又三傳至希忠，從世宗幸承天，掌行在左府事。至衞輝，行宮夜火。希忠與都督陸炳翼帝出。由是被恩遇，入直西苑。歷掌後、右兩府，總神機營，提督十二團營及五軍營，累加太師，益歲祿七百石。代郊天者三十九，賞賚不可勝紀。卒，追封定襄王，謚恭靖。萬曆十一年以給事中余懋學言，追奪王爵。弟希孝亦至都督，加太保。卒，贈太傅，謚忠僖。

希忠五傳至曾孫純臣，崇禎時見倚任。李自成薄京師，帝手敕純臣總督中外諸軍，輔太子。赦未下，城已陷，爲賊所殺。

丘福，鳳陽人。起卒伍，事成祖藩邸。積年勞，授燕山中護衞千戶。燕師起，與朱能、張玉首奪九門。大戰眞定，突入子城。戰白溝河，以勁卒擣中堅。夾河、滄州、靈壁諸大戰，皆爲軍鋒。盛庸兵扼淮，戰艦數千艘蔽淮岸。福與朱能將數百人，西行二十里，自上流潛濟，猝薄南軍。庸驚走，盡奪其戰艦，軍乃得渡。累遷至中軍都督同知。

福爲人樸戇鷙勇，謀畫智計不如玉，敢戰深入與能埒。每戰勝，諸將爭前效虜獲，福獨後。成祖每歎曰：「丘將軍功，我自知之。」即位，大封功臣，第福爲首。授奉天靖難推誠宣力武臣、特進榮祿大夫、右柱國、中軍都督府左都督，封淇國公，祿二千五百石，與世劵。命議諸功臣封賞，每奉命議政，皆首福。

漢王高煦數將兵有功，成祖愛之。福武人，與之善，數勸立爲太子。帝猶豫久之，竟立仁宗，以福爲太子太師。六年加歲祿千石。尋命與蹇義、金忠等輔導皇長孫。明年七月將大軍出塞，至臚朐河，敗沒。

先是，本雅失里殺使臣郭驥，帝大怒，發兵討之。命福佩征虜大將軍印，充總兵官，武城侯王聰、同安侯火眞，爲左、右副將，靖安侯王忠、安平侯李遠，爲左、右參將，以十萬騎行。帝慮福輕敵，諭以：「兵事須愼重。自開平以北，卽不見寇，宜時時如對敵，相機進止，不可執一。一舉未捷，俟再舉。」已行，又連賜敕，謂軍中有言敵易取者，愼勿信之。

福出塞，帥千餘人先至臚朐河南。遇遊騎，擊敗之，遂渡河。獲其尚書一人，飲之酒，問本雅失里所在。尚書言：「聞大兵來，惶恐北走，去此可三十里。」福大喜曰：「當疾馳擒之。」諸將請俟諸軍集，偵虛實而後進。福不從。以尚書爲鄉導，直薄敵營。戰二日，每戰，敵輒佯敗引去，福銳意乘之。李遠諫曰：「將軍輕信敵閒，懸軍轉鬭，敵示弱誘我深入，進必不利，〔三〕退則懼爲所乘，獨可結營自固。晝揚旂伐鼓，出奇兵與挑戰；夜多燃炬鳴礮，張軍勢，使彼莫測。俟我軍畢至，倂力攻之，必捷；否亦可全師而還。始上與將軍言何如，而遂忘之乎？」王聰亦力言不可。福皆不聽，厲聲曰：「違命者斬！」卽先馳，麾士卒隨行。控馬者皆泣下。諸將不得已與俱。俄而敵大至，圍之數重，聰戰死，福及諸將皆被執遇害，年六十七，一軍皆沒。敗聞，帝震怒，以諸將無足任者，決計親征。奪福世爵，徙其家海南。

李遠，懷遠人。襲父職爲蔚州衞指揮僉事。燕兵攻蔚州，舉城降。南軍駐德州，運道出徐、沛間。遠以輕兵六千，詐爲南軍袍鎧，人插柳一枝於背，徑濟寧、沙河至沛，無覺者。

焚糧舟數萬，河水盡熱，魚鱉皆浮死。南將袁宇三萬騎來追，伏兵擊敗之。建文四年正月，燕軍駐蠡縣。遠分哨至藁城，遇德州將葛進步騎萬餘，乘冰渡滹沱河。遠迎擊之。進繫馬林間，以步兵接戰。遠佯却，潛分兵出其後，解所繫馬，再戰。進引退失馬，遂大敗。斬首四千，獲馬千匹。成祖以歲首大捷，賜書嘉勞曰：「將軍以輕騎八百，破敵數萬，出奇應變，雖古名將不過也。」復遣哨淮上，敗守淮將士，斬千餘級。累功爲都督僉事，封安平侯，祿千石，予世伯券。永樂元年偕武安侯鄭亨備宣府。

遠沈毅有膽略，言論慷慨。既從丘福出塞，至臚朐河。諫福，不聽。師敗，遠帥五百騎突陣，殺數百人，馬蹶被執，罵不絕口死。年四十六。追封莒國公，謚忠壯。

子安，嗣伯爵。洪熙元年爲交阯參將，失律，謫爲事官。已，從王通棄交阯還，下獄奪券，謫赤城立功。英宗即位，起都督僉事。征阿台、朶兒只伯。遷都督同知，充總兵官，鎮松潘。正統六年副定西伯蔣貴征麓川。貴令安駐軍潞江護餉，而自帥大軍進。賊破，安恥無功，聞有餘賊屯高黎貢山，徑往擊之。爲所敗，失士卒千餘人，都指揮趙斌等皆死。逮下獄，謫戍獨石。卒，詔授子淸都指揮同知。

王忠，孝感人。與李遠同降於蔚州。每戰，帥精騎爲奇兵，多斬獲。累遷都督僉事，封靖安侯，祿千石。出塞戰歿，年五十一，爵除。

王聰，蘄水人。以燕山中護衛百戶從起兵。取薊州，攻遵化，徇涿州。轉戰茌平、〔四〕滑口，破南軍，獲馬千五百，還守保定。從次江上，略南軍舟濟師。累遷都指揮使，封武城侯，祿千五百石。偕同安侯火眞備禦宣府。屢奉詔巡邊。從丘福出塞，戰死，年五十三。追封漳國公，諡武毅。子琰嗣。聰及遠嘗諫福，故得褒卹。

火眞，蒙古人，初名火里火眞。洪武時歸附，爲燕山中護衛千戶。從攻眞定，先馳突耿炳文陣。大軍乘之，遂捷。從襲大寧，戰鄭村壩。日暝，天甚寒，眞斂敝鞍爇火成祖前。甲士數人趨附火，衞士止之。成祖曰：「吾衣重裘猶寒。此皆壯士，勿止也。」聞者感泣。眞嘗將騎兵，每戰輒有斬獲，呼噪歸營，衆服其勇。累遷都督僉事，封同安侯，祿千五百石。出塞戰歿，年六十一，爵除。子孫世襲觀海衞千戶。

裔孫斌，嘉靖中武舉。倭寇浙東，帥海舟與賊戰。賊然火毬擲斌舟，斌輒手接之，還燒賊舟。賊屯補陀山。斌直擣其營，多殺傷。後軍不繼，被擒，不屈。賊支解之。官爲建祠曰「忠勇」。

譚淵，淸流人。嗣父職爲燕山右護衞副千戶。燕兵起，從奪九門。破雄縣。潘忠、楊松自鄚州來援。淵帥壯士千餘人，伏月漾橋水中，人持茭草一束，蒙頭通鼻息。南軍已過，卽出據橋。忠等戰敗，趨橋不得渡，遂被擒。累進都指揮同知。淵驍勇善戰，引兩石弓，射無不中。然性嗜殺。滄州破，成祖命給牒散降卒。未遣者三千餘人，待明給牒。淵一夜盡殺之。王怒。淵曰：「此曹皆壯士，釋之爲後患。」王曰：「如爾言，當盡殺敵。敵可盡乎？」淵慚而退。夾河之戰，南軍陣動塵起。淵遽前搏戰，馬蹶被殺。成祖悼惜之。卽位，贈都指揮使，追封崇安侯，諡壯節，立祠祀之。

子忠，從入京師有功。又以淵故封新寧伯，祿千石。永樂二十一年將右哨從征沙漠。〔五〕宣德元年從征樂安。三年坐征交阯失律，下獄論死，已得釋，卒。子璟乞嗣。吏部言忠罪死，不當襲。帝曰：「券有免死文，其予嗣。」再傳至孫祐，成化中，協守南京。還，掌前府提督團營，累加太傅，嗣伯，六十九年始卒。諡莊僖。子綸嗣。嘉靖十四年鎭湖廣。勦九溪蠻有功，益祿。坐占役軍士奪爵。數傳至弘業，國亡，死於賊。

王眞，咸寧人。洪武中，起卒伍。積功至燕山右護衞百戶。燕兵起，攻九門。戰永平、眞定，下廣昌，徇雁門。從破滄州，追南兵至滑口，俘獲七千餘人。累遷都指揮使。

淝河之戰，眞與白義、劉江各帥百騎誘平安軍，縛草置囊中爲束帛狀。安追擊，眞等佯棄囊走，安軍士競取之。伏發，兩軍鏖戰。眞帥壯士直前，斬馘無算。後軍不繼，安軍圍之數匝。眞被重創，連格殺數十人，顧左右曰："我義不死敵手。"遂自刎。成祖卽位，追封金鄉侯，謚忠壯。

眞勇健有智略。成祖每追悼之曰："奮武如王眞，何功不成。不死，功當冠諸將。"仁宗時，追封寧國公，加號効忠。子通自有傳。

陳亨，壽州人。元末揚州萬戶。從太祖於濠，爲鐵甲長，擢千戶。從大將軍北征，守東昌。敵數萬奄至，亨固守，出奇兵誘敗之。復從徇未下諸城。洪武二年守大同。積功至燕山左衞指揮僉事。數從出塞。遷北平都指揮使。及惠帝卽位，擢都督僉事。

燕師起，亨與劉眞、卜萬守大寧。移兵出松亭關，駐沙河，謀攻遵化。燕兵至，退保關。當是時，李景隆帥五十萬衆將攻北平。北平勢弱，而大寧行都司所領興州、營州二十餘衞，皆西北精銳。朶顏、泰寧、福餘三衞，元降將所統番騎獷卒，尤驍勇。卜萬將與景隆軍合，成祖懼，以計紿亨囚萬，遂從劉家口間道疾攻大寧。亨及劉眞自松亭回救，中道聞大寧破，乃與指揮徐理、陳文等謀降燕。夜二鼓，襲劉眞營。眞單騎走廣寧，亨等帥衆降。成祖盡拔諸軍及三衞騎卒，挾寧王以歸。自是衝鋒陷陣多三衞兵。成祖取天下，自克大寧始。亨、理既降，累從破南軍。白溝河之戰，亨中創幾死。已，攻濟南，與平安戰鏵山，大敗。創甚，輿還北平。進都督同知。成祖還軍，親詣亨第勞問。其年十月卒。成祖自爲文以祭。比卽位，追封涇國公，謚襄敏。長子恭，嗣都督同知。

少子懋，初以舍人從軍，立功爲指揮僉事。已而將亨兵，功多，累進右都督。永樂元年封寧陽伯，祿千石。六年三月佩征西將軍印，鎭寧夏，善撫降卒。明年秋，故元丞相昝卜及平章、司徒、國公、知院十餘人，皆帥衆相繼來降。已而平章都連等叛去，懋追擒之黑山，盡收所部人口畜牧。進侯，益祿二百石。八年從北征，督左掖。十一年巡寧夏邊。尋命將山西、陝西二都司及鞏昌、平涼諸衞兵，駐宣府。明年從北征，領左哨。戰忽失溫，與成山侯王通先登，都督朱崇等乘之，遂大捷。明年復鎮寧夏。

二十年從北征。領御前精騎，破敵於屈裂河。別將五千騎循河東北，捕餘寇，殲之山澤中。師還，武安侯鄭亨將輜重先行，懋伏隘以待。敵來躡，伏起縱擊，敵死過半。還京，賜龍衣玉帶，册其女爲麗妃。明年將陝西、寧夏、甘肅三鎮兵，從征阿魯台，爲前鋒。又明年復領前鋒，從北征。

成祖之崩於榆木川也，六軍在外，京師守備虛弱。仁宗召懋與陽武侯薛祿帥精騎三千馳歸衞京師。命掌前府，加太保，與世侯。

宣德元年，從討樂安。還，仍鎮寧夏。三年奏徙靈州城，得黑白二兔以獻。宣宗喜，親畫馬賜之。懋在鎮久，威名震漠北。顧恃寵自恣，乾沒鉅萬。屢被劾，帝曲宥之，命所司徵其贓。懋自陳用已盡，詔貸免。

英宗卽位，命偕張輔參議朝政，出爲平羌將軍，鎮甘肅。其冬，寇掠鎮番，懋遣兵援之，解去，以斬獲聞。參贊侍郎柴車劾懋失律致寇，又取所遺老弱，冒爲都指揮馬亮等功，受陞賞，論斬。詔免死，奪祿。久之還祿，奉朝請。

十三年，福建賊鄧茂七反。都御史張楷討之無功，乃詔懋佩征南將軍印，充總兵官，帥京營、江浙兵往討。至浙江，有欲分兵扼海口者，懋曰：「是使賊致死於我也。」明年抵建寧，茂七已死，餘賊聚尤溪、沙縣。諸將欲屠之，懋曰：「是豎賊心也。」乃下令招撫，賊黨多降。分道逐捕，悉平之。已而沙縣賊復熾，久不定。會英宗北狩，景帝立，遂詔班師。言官劾之，以賊平不問。仍加太保，掌中府，兼領宗人府事。英宗復位，益祿二百石。天順七年卒，年八十四。贈濬國公，謚武靖。

懋修髯偉貌，聲如洪鐘。胸次磊落，敬禮士大夫。「靖難」功臣至天順時無在者。惟懋久享祿位，數廢數起，卒以功名終。

長子晟有罪，弟潤嗣。潤卒，弟瑛嗣，減祿之半，嗣侯。十六年而晟子輔已長，乃令輔嗣，瑛免爲勳衞。輔後坐事失侯。卒，無子，復封瑛孫繼祖爲侯，傳爵至明亡。

徐理，西平人。洪武時，爲永清中護衞指揮僉事，改營州衞。旣降，爲右軍副將。每戰先登，有功。成祖將襲滄州，命理及陳旭濬於直沽造浮橋以濟師。累進都指揮僉事，封武康伯。還守北平。理馭下寬，得士卒心。永樂六年卒。再傳至孫勇，無子絕封。

陳文，降後爲前軍左副將。戰小河，死於陣。

房寬，陳州人。洪武中，以濟寧左衞指揮從徐達練兵北平，遂爲北平都指揮同知，移守大寧。寬在邊久，凡山川阨塞，殊域情僞，莫不畢知，然不能撫士卒。燕兵奄至，城中縛寬以降。成祖釋之，俾領其衆。戰白溝河，將右軍，失利。從克廣昌、彰德，進都督僉事。以舊臣，略其過，封思恩侯，祿八百石，世指揮使。永樂七年卒。

劉才，字子才，霍丘人。元末爲元帥，明興歸附，歷營州中護衞指揮僉事。燕師襲大寧，才降。從戰有功。封廣恩伯，祿九百石，世指揮同知。永樂八年從北征，督右掖。失律議罪，既而宥之。二十一年偕隆平侯張信理永平、山海邊務。明年復從北征，至懷來，以疾還。才悃愊無華，不爲苟合，亦不輕訾毁人，甚爲仁宗所重。宣德五年卒。

贊曰：惠帝承太祖遺威餘烈，國勢初張，仁聞昭宣，衆心悅附。成祖奮起方隅，冒不韙以爭天下，未嘗有萬全之計也。乃道衍首贊密謀，發機決策，張玉、朱能之輩戮力行間，轉戰無前，隕身不顧。於是收勁旅，摧雄師，四年而成帝業。意者天之所興，羣策羣力，應時並濟。諸人之得爲功臣首也，可不謂厚幸哉。

校勘記

〔一〕成化元年　元年，原作「二年」，據本書卷一〇七功臣世表、憲宗實錄卷一八成化元年六月庚子條改。

〔二〕進攻濟南次錍山　錍山，明史稿傳二九朱能傳作「華山」。明史考證攟逸卷七注曰：「按一統志濟南無錍山，惟元和郡縣志載華不注山一名華山，此作錍，蓋誤。」

〔三〕進必不利　原脫「進」字，據明史稿傳二九丘福傳補。

〔四〕轉戰茌平　茌平，原作「茬平」。本書卷四一地理志及明史稿傳二九丘福傳均作「茌平」，據改。

〔五〕永樂二十一年將右哨從征沙漠　二十一年，原作「二十年」，右哨，原作「右掖」，本書卷七成祖紀，二十一年征阿魯台，將右掖者爲王通、徐亨，薛祿、譚忠同將右哨。又卷一五五薛祿傳作「二十一年將右哨從北征」。可證作「二十一年」、「右哨」是，據改。

明史卷一百四十六

列傳第三十四

張武 陳珪 孟善 鄭亨 徐忠 郭亮 趙彝
張信 唐雲 徐祥 李濬 孫巖 房勝 陳旭
陳賢 張興 陳志 王友

張武，瀏陽人。豁達有勇力，稍涉書史。爲燕山右護衞百戶。從成祖起兵，克薊州，取雄縣，戰月漾橋，乘勝抵鄭州。與諸將敗耿炳文於眞定。夾河之戰，帥壯士爲前鋒，突陣，佯敗走。南軍追之，武還擊，南軍遂潰。攻西水寨，前軍夜失道，南軍來追。武引兵伏要路，擊却之。戰小河，陳文歿於陣，武帥敢死士自林間突出，與騎兵合，大破南軍，斬首二萬級，溺死無算。累授都督同知。

成祖卽位，論功封成陽侯，祿千五百石，位次朱能下。是時侯者，陳珪、鄭亨、孟善、火眞、顧成、王忠、王聰、徐忠、張信、李遠、郭亮、房寬十三人，武爲第一。還守北平。永樂元年十月卒。出內廐馬以賻，贈潞國公，諡忠毅。無子，爵除。

陳珪，泰州人。洪武初，從大將軍徐達平中原，授龍虎衞百戶，改燕山中護衞。從成祖出塞爲前鋒，進副千戶。已，從起兵，積功至指揮同知，還佐世子居守。累遷都督僉事，封泰寧侯，祿千二百石，佐世子居守如故。

永樂四年董建北京宮殿，經畫有條理，甚見獎重。八年，帝北征，偕駙馬都尉袁容輔趙王留守北京。十五年命鑄繕工印給珪，並設官屬，兼掌行在後府。十七年四月卒，年八十五。贈靖國公，諡忠襄。

子瑜嗣。〔一〕二十年從北征。失律，下獄死。兄子鏞嗣。再傳至瀛，歿土木，贈寧國公，諡恭愍。弟涇嗣。天順六年鎭廣西。明年九月，猺賊作亂，涇將數千人駐梧州。是冬，大籐賊數百人夜入城，殺掠甚衆。涇擁兵不救，徵還，下獄論斬，尋宥之。卒，子桓嗣。弘治初，鎭寧夏。中貴人多以所親冒功賞。桓拒絕之，爲所譖，召還，卒。數傳至延祚，明亡，爵除。

孟善，海豐人，仕元爲山東樞密院同僉。明初歸附，從大軍北征，授定遠衞百戶。從平雲南，進燕山中護衞千戶。燕師起，攻松亭關，戰白溝河，皆有功。已，守保定。南軍數萬攻城，城中兵纔數千，善固守，城完。累遷右軍都督同知，封保定侯，祿千二百石。永樂元年鎭遼東。七年召還北京，鬢眉皓白。帝憫之，命致仕。十年六月卒。贈滕國公，謚忠勇。

子瑛嗣。將左軍，再從北征，督運餉。仁宗卽位，爲左參將，鎭交阯。坐庶兄常山護衞指揮賢永樂中謀立趙王事，並奪爵，毁其券，謫雲南。宣德六年放還，充爲事官於宣府。英宗卽位，授京衞指揮使。卒，子俊嗣官。天順初，以恩詔與伯爵。卒，子昻嗣。卒，爵除。

鄭亨，合肥人。父用，洪武時，積功爲大興左衞副千戶。請老，亨嗣職。洪武二十五年應募持檄諭韃靼，至斡難河。還，遷密雲衞指揮僉事。

燕師起，以所部降。戰眞定，先登，進指揮使。襲大寧，至劉家口，諸將將攻關。成祖慮守關卒走報大寧得爲備，乃令亨將勁騎數百，卷旆登山，潛出關後，斷其歸路。急攻之，悉縛守關者，遂奄至大寧，進北平都指揮僉事。夜帥衆破鄭村壩兵，西破紫荆關，掠廣昌，取蔚州，直抵大同。還戰白溝河，逐北至濟南，進都指揮同知。攻滄州，軍北門，扼餉道東昌。戰敗，收散卒，還軍深州。明年戰夾河、藁城，略地至彰德，耀兵河上。還屯完縣。明年從破東平、汶上，軍小河。戰敗，王眞死，諸將皆欲北還，惟亨與朱能不可。入京師，歷遷中府左都督，封武安侯，祿千五百石，予世券。留守北京。時父用猶在，受封爵視亨。

永樂元年充總兵官，帥武成侯王聰、安平侯李遠備宣府。亨至邊，度宣府、萬全、懷來形便，每數堡相距，中擇一堡可容數堡士馬者，爲高城深池，浚井蓄水，謹瞭望。寇至，夜舉火，晝鳴礮，併力堅守，規畫周詳，後莫能易。三年二月召還，旋遣之鎭。

七年秋，備邊開平。明年，帝北征，命亨督運。出塞，將右哨，追敗本雅失里。大軍與阿魯台遇。亨帥衆先，大破之。論功爲諸將冠。其冬仍出鎭宣府。十二年復從北征，領中軍。戰忽失溫，追敵中流矢却，復與大軍合破之。二十年復從出塞，將左哨，帥卒萬人，治龍門道過軍，破兀良哈於屈裂河。將輜重還，擊破寇之追躡者，仍守開平。成祖凡五出塞，亨皆在行。

仁宗卽位，鎭大同。洪熙元年二月頒制諭及將軍印於各邊總兵官。亨佩征西前將軍印。在鎭墾田積穀，邊備完固，自是大同希寇患。宣德元年召掌行後府事。已，仍鎭大同，轉餉宣府。招降迤北部長四十九人，請於朝，厚撫之，歸附者相屬。九年二月卒於鎭。

亨嚴肅重厚，善撫士卒，恥掊克。在大同時，鎭守中官撓軍政，亨裁之以理，其人不悅，然其卒也，深悼惜之。贈漳國公，諡忠毅。妾張氏，自經以殉，贈淑人。子能嗣，傳爵至明亡。

徐忠，合肥人，襲父爵爲河南衞副千戶。累從大軍北征，多所俘獲，進濟陽衞指揮僉事。洪武末，鎭開平。燕兵破居庸、懷來，忠以開平降。從徇灤河，與陳旭拔其城。李景隆攻北平，燕師自大寧還救。至會州，置五軍。張玉將中軍，朱能將左軍，李彬將右軍，房寬將後軍，忠號驍勇，使將前軍。遂敗陳暉於白河，破景隆於鄭村壩。白溝河之戰，忠單騎突陣。一指中流矢，未暇去鏃，急拔刀斷之，控滿疾驅，殊死戰。燕王乘高見之，謂左右曰：「眞壯士也。」進攻濟南，克滄州，大戰東昌、夾河。攻彰德，破西水寨，克東阿、東平、汶上，大戰靈璧。遂從渡江入京師。自指揮同知累遷都督僉事，封永康侯，祿一千一百石，予世券。

忠每戰，摧鋒跳盪，爲諸將先。而馭軍甚嚴，所過無擾。善撫降附，得其死力。事繼母以孝聞。夜歸必揖家廟而後入。儉約恭謹，未嘗有過。成祖北巡，以忠老成，留輔太子監國。永樂十一年八月卒。贈蔡國公，諡忠烈。

傳爵至裔孫錫登，崇禎末，死於賊。從兄錫胤嘗襲侯，卒，無子。其妻朱氏，成國公純臣女也。夫歿，樓居十餘年，不履地。城陷，捧廟主自焚死。

郭亮，合肥人，爲永平衞千戶。燕兵至永平，與指揮趙彝以城降，卽命爲守。時燕師初起，先略定旁郡邑，旣克居庸、懷來，山後諸州皆下。而永平地接山海關，障隔遼東，旣降，北平益無患，成祖遂南敗耿炳文於眞定。旣而遼東鎭將江陰侯吳高、都督楊文等圍永平，亮拒守甚固。援師至，內外合擊，高退走。未幾，高中讒罷，楊文代將，復率衆來攻。亮及劉江合擊，大敗之。累進都督僉事。成祖卽位，以守城功封成安侯，祿千二百石，世伯爵。永樂七年守開平，以不檢聞。二十一年三月卒。贈興國公，諡忠壯。妾韓氏自經以殉，贈淑人。

子晟當嗣伯，仁宗特命嗣侯。宣德五年坐扈駕先歸革爵，尋復之。無子，弟昂嗣伯，傳爵至明亡。

趙彝，虹人。洪武時，爲燕山右衛百戶。從傅友德北征，城宣府、萬全、懷來，擢永平衛指揮僉事。降燕，歷諸戰皆有功，累遷都指揮使。成祖稱帝，封忻城伯，祿千石。永樂八年鎮宣府。嘗從北征，坐盜餉下獄，得釋。尋以呂梁洪湍險，命彝鎮徐州經理。復以擅殺運丁，盜官糧，爲都御史李慶所劾。命法司論治，復得釋。仁宗立，召還。宣德初卒。子榮嗣。數傳至之龍，崇禎末，協守南京。大清兵下江南，之龍迎降。

張信，臨淮人。父興，永寧衛指揮僉事。信嗣官，移守普定、平越，積功進都指揮僉事。惠帝初卽位，大臣薦信謀勇，調北平都司。受密詔，令與張昺、謝貴謀燕王。信憂懼不知所爲。母怪問之，信以告。母大驚曰：「不可。汝父每言王氣在燕。汝無妄舉，滅家族。」成祖稱病，信三造燕邸，辭不見。信固請，入拜牀下，密以情輸成祖。成祖矍然起立，召諸將定計起兵，奪九門。成祖入京師，論功比諸戰將，進都督僉事，封隆平侯，祿千石，與世伯券。

成祖德信甚，呼爲「恩張」。欲納信女爲妃，信固辭。以此益見重。凡察藩王動靜諸密事，皆命信。信怙寵頗驕。永樂八年冬，都御史陳瑛言信無汗馬勞，忝冒侯爵，恣肆貪墨，強占丹陽練湖八十餘里，江陰官田七十餘頃，請下有司驗治。帝曰：「瑛言是也。昔中山王有沙洲一區，耕農水道所經，家僮阻之以擅利。王聞，卽歸其地於官。今信何敢爾！」命法司雜治之，尋以舊勳不問。

二十年從北征，督運餉。大閱於隰寧，信辭疾不至，謫充辦事官。已而復職。仁宗卽位，加少師，並支二俸，與世侯券。宣德元年從征樂安。三年，帝巡邊，征兀良哈，命居守。明年督軍萬五千人浚河西務河道。正統七年五月卒於南京。贈鄖國公，謚恭僖。

子鏞，自立功爲指揮僉事，先卒。子淳嗣，傳爵至明亡。

有唐雲者，燕山中護衞指揮也，不知所自起。成祖旣殺張昺、謝貴等，將士猶據九門，閉甕城，陳戈戟內向。張玉等夜襲之，已克其八，惟西直門不下。成祖令雲解甲，騎馬導從如平時，諭守者曰：「天子已聽王自制一方。汝等急退，後者戮。」雲於諸指揮中年最長，素信謹，將士以爲不欺，遂散。時衆心未附，雲告以天意所嚮，衆乃定。雲從成祖久，出入左右，甚見倚任。先後出師，皆留輔世子。南兵數攻城，拒守甚力，戰未嘗失利，累遷都指揮使。成祖稱帝，封新昌伯，世指揮使。明年七月卒。賜賚甚厚。

徐祥，大冶人。初仕陳友諒，歸太祖於江州，積功至燕山右護衞副千戶。成祖以其謹直，命侍左右。從起兵，轉戰四年，皆有功，累進都指揮使。成祖卽位，論功封興安伯，祿千石。時封伯者，祥及徐理、李濬、張輔、唐雲、譚忠、孫巖、房勝、趙彝、陳旭、劉才、茹瑺、王佐、陳瑄十四人，祥第一。祥在諸將中年稍長。及封，益勤愼。永樂二年五月卒。年七十三。

孫亨嗣。十二年從北征，爲中軍副將。至土剌河，獲馬三千。還守開平，將輕騎往來興和、大同備邊。後屢從出塞。宣德元年以右副將征交阯，無功，奪爵。英宗卽位，復之。正統九年征兀良哈，出界嶺口、河北川，進侯，出鎭陝西，召還。天順初卒，謚武襄。

子賢嗣伯，以跛免朝謁，給半祿，卒。子盛嗣，卒，無子。再從弟良嗣。良祖母，故小妻也。繼祖母，定襄伯郭登女，至是其孫爭襲。朝議以郭氏初嘗適人，法不當爲正嫡，良竟得嗣。良時年五十，家貧，傭大中橋汲水。都督府求興安伯後，良乃謝其隣而去，僉書南京中府。忤劉瑾，革祿二百石。傳爵至明亡。

李濬，和州人。父旺，洪武中燕山左護衞副千戶。濬嗣官，從起兵，奪九門。招募薊州、永平壯勇數千人，破南軍於眞定。從收大寧。鄭村壩之戰，帥精騎突陣。衆鼓譟乘之，大捷。轉戰山東，爲前鋒。至小河，猝與南軍遇，帥敢死士先斷河橋，南軍不能爭。成祖至，遂大敗之。累遷都指揮使，封襄城伯，祿千石。永樂元年出鎭江西。永新盜起，捕誅其魁。尋召還。三年十一月卒。

子隆，字彥平，年十五嗣封。雄偉有將略。數從北征，出奇料敵，成祖器之。既遷都，以南京根本地，命隆留守。仁宗卽位，命鎭山海關。未幾，復守南京。隆讀書好文，論事侃侃，清愼守法，尤敬禮士大夫。在南京十八年，前後賜璽書二百餘。及召還，南都民流涕送之江上。正統五年入總禁軍。十一年巡大同邊，賜寶刀一，申飭戒備，內外凜凜。訖還，不僇一人。明年卒。子珍嗣。歿於土木，贈侯，謚悼僖。無子。

弟瑾嗣。成化三年，四川都掌蠻叛。命佩征夷將軍印，充總兵官往討，兵部尙書程信督之。師至永寧，分六路進。瑾與信居中節制，盡破諸蠻寨。前後斬首四千五百有奇，獲鐙仗牲畜無算。分都掌地，設官建治控制之。師還，進侯，累加太保。弘治二年卒。贈芮國公，謚壯武。瑾性寬弘，能下士。兄璡以貌寢，不得嗣。瑾敬禮甚厚。璡卒，撫其子鄌如己子。瑾子黼嗣伯，數年卒。無子，鄌得嗣。

四傳至守錡，累典營務，加太子少保。崇禎初，總督京營，坐營卒爲盜落職，憂憤卒。子國禎嗣。有口辯。嘗召對，指陳兵事甚悉，帝信以爲才。十六年命總督京營，倚任之，而國禎實無他能。明年三月，李自成犯京師，三大營兵不戰而潰。再宿，城陷。賊勒國禎降，國禎解甲聽命。責賄不足，被拷折踝，自縊死。

孫巖，鳳陽人。從太祖渡江，累官燕山中護衞千戶，致仕。燕師起，通州守將房勝以城降。王以巖宿將，使與勝協守。南軍至，攻城甚急，樓堞皆毀。巖、勝多方捍禦。已，復突門力戰，追奔至張家灣，獲餉舟三百。累擢都指揮僉事。論功，以舊臣有守城功，封應城伯，祿千石。永樂十一年備開平，旋移通州。以私憾椎殺千戶，奪爵，安置交阯。已而復之。十六年卒。贈侯，謚威武。子亨嗣，傳至明亡，爵除。

房勝，景陵人。初從陳友諒。來歸，累功至通州衞指揮僉事。燕兵起北平，勝首以通州降。成祖即位，以守城功，封富昌伯，祿千石，世指揮使。永樂四年卒。

陳旭，全椒人。父彬，從太祖爲指揮僉事。旭嗣官，爲會州衞指揮同知，舉城降燕。從徇灤河，功多。力戰眞定。守德州，盛庸兵至，棄城走。置不問。從入京師，封雲陽伯，祿千石。

永樂元年命巡視中都及直隸衞所軍馬城池。四年從英國公張輔征交阯，爲右參將。偕豐城侯李彬破西都。師還，與彬各加祿五百石。已而陳季擴叛，復從輔往剿。輔還，又命副沐晟。八年以疾卒於軍。無子，封絕。

陳賢，壽州人。初從太祖立功，授雄武衞百戶。從征西番、雲南，北征至捕魚兒海，皆有功。歷燕山右護衞指揮僉事。燕師起，從諸將轉戰，常突陣陷堅。軍中稱其驍勇。累遷都督僉事。永樂元年四月，成祖慮功臣封有遺闕，令丘福等議。福等言都督僉事李彬功不在房寬下，涇國公子懋、金鄉侯子通俱未襲爵，而陳賢、張興、陳志、王友功與劉才等。於是封彬豐城侯，懋、通與賢等四人並封伯，祿皆千石。賢封榮昌伯。八年充神機將軍，從北征。十三年十一月卒。

子智，前立功爲常山右護衞指揮，嗣父爵。宣德中以參將佩征夷將軍印，鎮交阯。怯不任戰。又與都督方政相失。黎利勢盛，不能禦，敗績。奪爵，充爲事官。從王通立功。尋以棄地還，下獄，得釋。正統初，復爲指揮使。

張興，壽州人。起卒伍，爲燕山左護衞指揮僉事。從起兵，功多，累遷都指揮同知。從子勇有力敢戰，從興行陣爲肘腋。興嘗單騎追敵，被數十創，傷重不任戰。以勇嗣指揮使，代將其兵。再論功，興封安鄉伯。永樂五年正月卒。無子。

勇嗣。永樂八年從北征，失律，謫交阯。赦還復爵，卒。子安嗣。正統十三年鎮廣東。黃蕭養寇廣州，安帥舟師遇賊於戙船澳。安方醉臥，官軍不能支，退至沙角尾。賊薄之，軍潰，安溺死。傳爵至光燦，死流寇。

陳志，巴人。洪武中，爲燕山中護衞指揮僉事。從起兵，累遷都指揮同知，封遂安伯。志素以恭謹受知，戮力戎行，始終不懈。永樂八年五月卒。

孫瑛嗣。屢從出塞，鎭永平、山海、薊州，城雲州、獨石。爽闓有將材，然貪殘，人多怨者。卒，子塤嗣。歿於土木，謚榮懷。弟韶嗣。卒，孫鏸嗣。總薊州兵。朶顏入寇，禦却之。嘉靖初，敍奉迎功，加太子太保，進少保，委寄亞武定侯郭勛。嗣伯六十餘年卒。又五傳而明亡。

王友，荊州人。襲父職爲燕山護衞百戶。從起兵，定京師，論功當侯，以驕縱授都指揮僉事。及丘福等議上，乃封淸遠伯。明年充總兵官，帥舟師沿海捕倭。〔三〕倭數掠海上，友無功，帝切責之。已，大破倭。帝喜，降敕褒勞，尋召還。四年從征交阯，與指揮柳琮合兵破籌江柵，困枚、普賴諸山，斬首三萬七千餘級。六年七月進侯，加祿五百石，與世券。明年再征交阯，爲副總兵。

八年還，從北征，督中軍。別與劉才築城飲馬河上。會知院失乃干欲降，帝令友將士卒先行，諭以遇敵相機剿滅。友等至，與敵相距一程，迂道避之應昌。軍中乏食，多死者。帝震怒，屢旨切責，奪其軍屬張輔。還令羣臣議罪，已而赦之。十二年坐妾告友夫婦誹謗。有驗，奪爵。未幾卒。仁宗卽位，官其子順爲指揮僉事。

贊曰：張武、陳珪諸人，或從起藩封，或率先歸附，皆偏裨列校，非有勇略智計稱大將材也。一旦遘風雲之會，剖符策功，號稱佐命，與太祖開國諸臣埒，酬庸之義不亦厚歟。

校勘記

〔一〕子瑜嗣　瑜，原作「愉」，據本書卷一〇六功臣世表、太宗實錄卷一二二永樂二十年二月乙巳條改。

〔二〕明年充總兵官帥舟師沿海捕倭　明年，明史考證攟逸卷七稱：「按友帥師巡海在永樂二年五月，見本紀。此稱明年，蓋因友與陳賢同封，蒙其傳元年四月之文也。但與賢相隔數篇，而此傳上文未標永樂年號，僅云明年，義究未協。」按據本卷陳賢傳，本傳上文「及丘福等議上」，「及」字上當脫「永樂元年」四字，因而「明年」之義不明。